Human Resource Profiling

HRプロファイリング

本当の適性を見極める「人事の科学」

須古勝志／田路和也

日本経済新聞出版

目次

第3章 何故「自社基準」でなければならないのか

第2部　HRプロファイリングを活用する

第4章　HRプロファイリング事例

第5章　「自社基準」の設計手順

第6章 「採用厳選」への活用

第7章 「適正配置・抜擢」への活用

第8章 「育成」体系設計への活用

まとめ

おわりに

出版プロデュース　株式会社天才工場　吉田浩
塩尻朋子

はじめに

「せっかく良い子を採用したのに、現場のマネジメントに潰されてしまった」
「プレイヤーとして優秀だった人に課長を任せたところ、課の業績が落ちてしまった」
「『業績向上に繋がる行動』と『行動評価項目』がリンクしていないので、納得感のある評価をフィードバックできない」
「各階層・職能の要件定義が曖昧なため、最適な育成体系を構築できない」
「入社前に実施した適性検査の結果と入社後のパフォーマンスとの相関関係を検証したいのに、採用チームでは過去の評価情報を閲覧できないから検証できない」

これらは、人事コンサルタントとしての私が、その二十数年間に実際によく耳にした人事担当者の言葉です。ここ数年、「戦略人事」や「HRテック（Human Resources Technologyの略）」という言葉が持て囃されていますが、本当の意味で「人事を科学する」ことができている企業はまだまだ少ないように思います。自社で活躍できる人財の性格特性と行動傾向を分析し、定量的に把握することが「人事を科学する」ことの第一歩といえますが、人事担当者の悩みが変わらず尽きないのは、この第一歩すら踏み出せていない企業が未だに多いことを表しています。

企業内で「人事を科学する」取り組みが推進されにくい背景には、人事という仕事をプロフェッショナルが担うべき仕事だと認識できていない経営者の存在があります。また、人事部門における平均的な業務工数の内訳は、80％が「オペレーション業務」、15％が「戦略・企画業務」、5％が「その他の業務」になるというデロイトトーマツ コンサルティング社の調査結果があります。これは、経営者が人事担当役員、人事部長と一枚岩となり、本気で「人事を科学する」ことを追究しない限り、人事担当者はオペレーション業務に忙殺され、「戦略人事」や「HRテック」は絵に描いた餅で終わることを示唆しています。

良い企業経営を行うためには、環境―戦略―組織―人財の一貫性を維持し続けることが重要だといわれますが、「Volatility（変動性）」「Uncertainty（不確実性）」「Complexity（複雑性）」「Ambiguity（曖昧性）」のVUCA時代である今、変化が激しく先読みできない外部環境に対して、その一貫性を維持していくことは困難を極めています。実際、2020年のコロナショックによってそれは初めて世界の共通認識となり、私たちはその渦中にいることを恐怖とともに痛感させられることになりました。アフターコロナの社会では、経営として不変・普遍の理念や価値観を維持しつつ、どのように環境が変化したとしても即アップデートできる戦略─組織─人財づくりが求められます。そして、その役割の担い手が「戦略人事」です。「経営陣が立てた経営戦略を実現するために必要となる人財を供給し続けること」をミッションとする「戦略人事」は、これらの背景を十分に認識し、「人事を科学する」ことを追究していく必要があります。

本書では、「人事を科学する」ために必要不可欠な「HRプロファイリング」という手法をご紹介します。

本題に入る前に、私のバックグラウンドについて少し話をさせてください。

私は、1998年に人材サービス業大手のパソナに入社し、マイクロアウトソーシング事業のキックオフメンバーや金融業界に特化した人材派遣サービスの営業担当として、そのキャリアをスタートさせました。2000年からは、人事コンサルティング業界最大手のリクルートマネジメントソリューションズ（当時の社名は人事測定研究所）で、採用・教育・人事制度設計のソリューション・プランナーとして活動しました。創業者である大沢武志氏の「個をあるがままに生かす」というリクルートらしさの源泉ともいえる理念に心酔した私は、SPIというアセスメント（適性検査）を活用したトレーニングやコンサルティングを積極的にクライアントに提案し、「人事を科学する」ことに取り組んできました。当時、就職人気ランキング上位に名を連ねるような超大手企業ばかりを担当させていただき、その採用活動を通して累計100万人以上の応募者にSPIを受検いただきました。毎年、その検証までお手伝いさせていただく経験に恵まれ、その取り組みは大変多くのクライアントに評価いただき、営業担当として社内で未だに破られていない連続営業表彰記録を樹立することもできました（ただ、余談ですが、これも私という人間の個性をあるがままに生かしていただいた当時の経営者や上司のおかげですので、今でも感謝しています）。

一方、人事コンサルタントとしての私は、人気企業の新卒採用ならではのジレンマに直面することもありました。当時、大手企業のほとんどが新卒採用の初期選考時のスクリーニング目的でSPIを実施していたのですが、数万人の応募者から数千名、数百名に絞る過程では、「ストレス耐性や意欲などの画一的な尺度による過度なネガティブチェック」や「必要以上に高いレベルでの能力検査でのスクリーニング」を行わざるを得なくなるのです。もともとSPIは、科学的根拠のない性別や学歴による採用選考を否定し、個人差を重視した採用選考を実現するために開発されたアセスメントです。にもかかわらず、一般指標による過度なネガティブチェックを行わざるを得ないという現実に、物理的な限界も感じていました。「ダイヤの原石まで落としてしまっているかもしれない」という不安はいつも頭の片隅にありました。

その後、2007年に独立し、「営業を科学する」ことに特化した営業コンサルティング会社であるプレゼンスを設立しました。継続的に目標達成できる営業マネジャーとプレイヤーを育成する営業研修『営業プロフェッショナルプログラム』を提供し、これまで大手企業を中心に1万人を超える営業職の方に私の目標達成メソッドを提供してきました。また、『7つの習慣®』で知られるフランクリン・コヴィー・ジャパン社の認定コンサルタント（認定講師）として、『7つの習慣®』の考え方をベースに営業成功の原理原則を体系化した営業研修も提供しています。

当社の営業研修は、小手先のテクニックのような営業のやり方（How to do）を習得させる従来型の研修とは異なり、営業としてのあり方（How to be）を認識させることで、受講者のマインドセットを変え、成果に繋がる行動変容を促す学習構造になっています。さらにその成果行動を習慣化させることで、確実に継続的に目標達成できる営業のプロに育てることに成功しています。ただ、この成果行動は、「個」にフォーカスするアプローチが必要不可欠です。なぜなら、成果行動は、本人の個性を生かしたものでなければ、実行することも習慣化させることも難しいからです。この本人の持ち味を生かした成果行動

（勝ちパターン）の科学的な解明に着手しようとしていた2012年頃、この本の主たる著者である株式会社レイル社長の須古勝志に出会いました。当時の須古は、マルコポーロというアセスメントの開発の佳境を迎えていました。私は、須古が想い描いていたその「未来型アセスメント」の設計思想に賛同するとともに、ソリューションとしての大きな可能性を感じました。そして、その開発と営業にアドバイザーとして協力することを即決したのでした。

それから8年が経ち、マルコポーロは、約300社でのべ27万人に実施され、採用、配置配属、昇進昇格、評価、育成の全てを一気通貫で科学できる唯一無二のアセスメントに成長しました。また、当社の研修もマルコポーロとの連携を強化することで、「営業を科学する」ことを加速させることができました。例えば、研修受講者やその部下に対して事前にマルコポーロを実施し、その「個」を科学的かつ立体的にプロファイリングし、研修の中では、その結果を本人にフィードバックした上で、ワークやグループコーチングを通して、自分の「個」（持ち味）を生かした成果行動（勝ちパターン）を発見・整理させます。その結果、どのような受講者でも自分に合った成果行動（勝ちパターン）を確実に実践・習慣化させられるようになりました。集合研修でありながら、「個」に響く研修を提供できるようになったのです。なお、須古と取り組んだ「営業を科学する」事例については一部、本書の中で後述しています。

このように私は、仕事人生の全てを「人事を科学する」「営業を科学する」ことに捧げてきました。この本が、「戦略人事」を名乗る方、それをサポートする方、そして経営陣や事業責任者の方々にとって、最良のバイブルとなることを心から願っています。

田路《とうじ》和也

序　誰かが不幸になる「採用」はもうやめよう

「人財は最も大切な経営資源である」ということは誰も否定できない。

しかし、それにもかかわらず、多くの企業で、その大切な人財に関する「採用、育成、配置、抜擢における人事課題」が一向に根本解決できていないのは何故だろうか。

この原因としては、人事施策（打ち手）が「的を外している」可能性が大きいのである。

学者の「○○理論」や、権威ある人のお墨付きのある様々な研修やアセスメントなら大丈夫だろうと安易に受け入れておられないだろうか。何よりも、その「打ち手」は、自社の業績向上にヒットするかどうかをキチンと自社の環境で検証しておられるだろうか。「○○大学○○教授」の理論に則って設計された研修プログラムだからこんな効果が期待できるはずだと安易に判断し、その効果が業績にヒットするかどうかが検証されていないケースはとても多い。

コミュニケーションをよくすべきだ

モチベーションを高めるべきだ

自主性を高めるべきだ

「なんとなく」、多くの人事担当者はこのように考えがちだが、本当にそのようにすれば業績にヒットするのかどうかを科学的に検証しておられないケースがとても多いということだ。

もちろん、全ての研修が業績にヒットしなければならないというわけではない。しかし、仮に5割の研修に業績との相関・因果関係が確認されていない場合、その5割の研修費用は、業績向上に繋がらない可能性が高いにもかかわらず捻出されていることになるので注意が必要だ。私は、大手になればなるほどこの現象は多いと感じている。経営視点から見た改善が必要であると言えるのだ。

企業は利益を上げ続けなければならない。そのために人事は、「科学的視点」を持ち、業績との相関・因果関係が確認された打ち手を設計、あるいは選択しなければ「的を外す」ことになってしまう。「打ち手の成果」が「経営効果」に直結しないということだ。

「採用基準」も同様で、科学的な分析によって業績との相関・因果関係が検証された基準が用いられ、それによって「自社のそれぞれの組織でどれほど活躍できる人財なのか」が数値化され、採用判断の参考情報として活用されるべきである。もしこれができていない場合、自社で活躍できるかどうかが科学的に予測された数値を参考にすることなく、属人的な判断だけで見極めていることになる。これが後々、早期離職、滞留人財（クビにならない程度に力を抜いて仕事をする人）の増加、次世代幹部候補の不在など、様々な人事問題を引き起こすタネとなっているのだ。

「採用して配属した後の責任は人事ではなく現場である」という責任逃れの考え方や、「人事に正解はないから」という言い訳はもう通用しない。経営に悪影響を及ぼすような打ち手は「悪」なのである。

打ち手が的を外さないようにするためには、

◇学術理論だけでは社会問題が解決されてこなかった例が多いことを知ること（本書ではその好例として、「コンピテンシー」について後述する）

◇自社にとっての「的を射た打ち手」は何かを見抜いて実行するための「科学的手法（HRプロファイリング）」を知ること

が必要である。

科学的手法が、何故必要なのか。

例えば、車を運転している時、目の前が真っ暗なままでは、ハンドルをどちらに切ればよいのか判断ができない。そんな時、目の前がクッキリと見える眼鏡をかければ正しい判断でハンドルを切ることができる。この「眼鏡の役割」が科学的手法である。判断はあくまで人間が行うのであるが、目の前をクッキリと見た上で判断すべきなのだ。「本書で一番、お伝えしたいことは何か」と聞かれれば、「目の前をクッキリと見る『眼鏡』を持って欲しい、そうすれば経営戦略を実現するための人事が動き出す」ということになる。

さて、人事の世界で、目の前にある現象から原因、課題を特定し、的を射た打ち手を見極めるためには、

◇何故、彼・彼女は、活躍しているのか
◇何故、彼・彼女は、躓いてしまうのか
◇何故、彼・彼女は、部下を与えた途端に失速してしまうのか
◇何故、彼・彼女は、誰もが反対する中で大胆な変革に取り組めたのか
◇次世代幹部候補になれる人財となれない人財の違いは何か

これらの「何故？　何？」に対する根本的な原因を解き明かす必要がある。

上っ面の意識調査をしようが、360度サーベイをしようが、日々のテンションを上げる努力をしようが、「何故？　何？」に対する根本的な原因を解き明かさない限り、正し

い打ち手は見えてこないからである。

これらが本書の背景であり、本書はこの解決のために、学術理論を踏まえた上で、学術理論と社会問題との「はざま」で生まれた「実践知」を解説していく。

レイル社は、1992年創業であり、私は創業社長である。そして28年間、テスト理論をはじめとする様々な理論と現場の「はざま」と向き合ってきた。

1997年に開発・提供を開始した「パソコン検定試験（P検）」（2014年に株式会社ベネッセコーポレーションに事業譲渡）は、現在452大学から入試優遇、68大学から単位認定のご指定を受けるまでに成長している。検定試験の世界は、理論だけではなく、実際に「知識と技能からなるスキル」を最低限の誤差で測定できているのか、スキルレベルを識別する識別力が備わっているのかなど、テスト自体の信頼性と妥当性が厳しく問われる世界だった。

そして2013年、「人と職のマッチングはもっと素敵であるべきだ」という思いから、人だけでなく企業側の「求める人財要件」も分析できるという、「双方向」の特性アセスメントツール「マルコポーロ」を開発して提供を開始した。現在、マルコポーロは、周辺事業も加えると、新卒大学生の性格特性データが毎年8万名以上、導入企業は300社を超え、企業に所属している社会人データは10万名を超えている。そして企業が求める人財要件モデルは1600モデル以上が登録され、日々、これらは増加し続けている。

本書に書かせていただくのは、これらのデータと実践から何が言えるのかという実践知である。

そして本書は、「経営陣が立てた経営戦略を実現するために必要となる人財を供給し続けること」をミッションとする「戦略人事を名乗る人」が、そのミッション実現のために必要となる「HRプロファイリングの手法」を、理論と事例から学べるように書かせていただいた。

「戦略人事を名乗る人」はもとより、経営陣や事業責任者の皆様の一助になれば幸いである。

須古勝志

第1部

HRプロファイリングとは

第１章

人の「ヒューマンコア」にフォーカスすべき理由

「ダイバーシティの時代」への対応

冒頭にこのような見出しを立てるのは、「ダイバーシティの時代」が流行っているからそれに合わせようということではない。何が起こっているのかというと、右肩上がりの経済成長のなか、一定の正解を追い求めて、画一的に、一部の頭脳明晰な人に従って大多数の兵隊が指示通りに動けばよい時代は、完全に終わったということである。そして代わって訪れたのが、答えのないものを、画一的な基準なしで、多様な人たちが手に手を取り合って、ハイスピードに、問題の発見と解決をしていかなければ市場競争に勝てない時代であるということだ。

しかも、各社や各個人の独自性は高まり続けている。多様な視点、考え方、アイデアを持つ多様な人財が集まるチームからしか、それらが融合した斬新な問題解決策やイノベーション、つまり、真に有効な解決策は生まれない可能性が高いということだ。

このようなダイバーシティの時代では、「個にフォーカスして、多様な人財を活かす」ことができない企業は競争に負けてしまう。これまでの人事の常識は覆されようとしているのだ。

ソニーの創業者のひとり、井深大氏は、早稲田大学理工学部を卒業し、東京電気（現・東芝）の就職試験を受けたが不採用になってしまった。既に学生発明家として有名であった井深氏は、面接で「やりたいことがたくさんある」と鼻息荒く話されたそうだが、それが生意気と取られたのだろう。

将来のリーダーたる個性を有する若者は、若い頃は生意気なものだ。「最短距離であそこに行ってやる」と鼻息荒く、一心に心が燃えているからだ。このような個性をあなたの会社の上司は「生意気だからダメだ」と一蹴していないだろうか。

人の行動に大きな影響を与える「ヒューマンコア」

さて、これほど「個にフォーカス」することの重要性が叫ばれている時代であるにもかかわらず、企業は今、「個」を活かす有効な打ち手を実行しているだろうか。

まず、図0に基づいて、本書における用語の定義をさせていただきたい。

図0：本書における用語

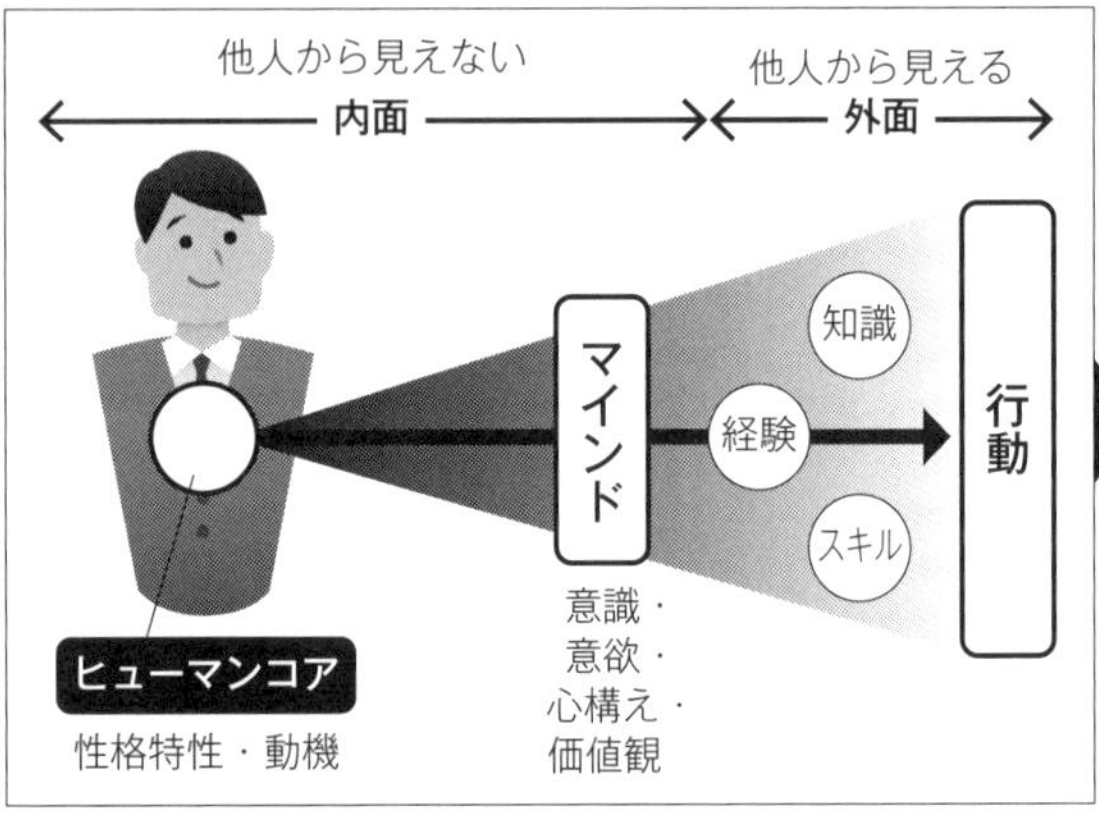

注：本書では、1960年代後半以降、大論争となった「ミシェルの状況主義」の観点は除いている

人には、他人から見えない「内面」と、他人から見える「外面」とがあり、これらを包括したものを「個性」と定義する。

内面の中には、「ヒューマンコア」と「マインド」の2つがある。

ヒューマンコアは「性格特性・動機」のことと定義し、外向性、知的好奇心、変革創造性などを指す。このヒューマンコアは、行動の根源的な土台であり、一生涯を通して容易には変容しない。

マインドとは、意識・意欲・心構え・価値観のことと定義する。これは、ミスしないよう心がけよう、よき上司であるよう心がけよう、などと、自身の行動についての方向性をセットアップするものである。このマインドは容易に変容しやすいため、裏を返せば、継続しづらいという特徴がある。

一方、外面には、「知識・スキル・経験」、そして「行動」があり、これらは他人から見えるものであると定義する。

さて、人には「誰が何と言おうと譲れない拘りのポイント」があるものだ。逆に「そんなことはどうでもよいと軽視しがちなポイント」もある。このような人の意思決定や行動の根源的な土台となっているものがヒューマンコアであり、これは「本性」とも言えるものである。そしてヒューマンコアは百人百様であるため、人の行動の傾向も、さらに、人が何かを成し遂げる時の「勝ちパターン」も、人によって全く異なってくるのである。

人の行動は、最初に内面のヒューマンコアが方向付けをする。この方向は本性からなるものなので、一生涯、容易に変わるものではない。次に同じく内面の中で、「今度の会議では言いたいことを言おう」「こういう行動は慎もう」などとマインドをセットアップして、ヒューマンコアが方向付けをした行動を、さらにコントロールしようとする。そして知識やスキル、経験などをツールとして活用して行動を発揮していくものと本書では捉える。

人は、このようにマインドをセットアップすることで、自身の行動をコントロールすることができる。しかしヒューマンコアは容易には変容しないため、ヒューマンコアと行動との間にギャップがあればあるほど、マインドは無理をしなければならなくなる。そして、違和感を覚えるようになり、やがてストレスとなって、その行動は継続しづらくなっていくのである。

このように、人の行動に大きな影響を与えるヒューマンコア、つまり、性格特性や動機について、これまで企業は、人財の採用、配置、次世代幹部抜擢などの重要シーンで、その「適合性」を意識してきただろうか。また、個々の勝ちパターンを意識し、それを引き出せるような育成体系が設計されてきただろうか。

「ヒューマンコア」にフォーカスすれば、「打ち手」が見えてくる

実は、これまで企業は、個々の社員の真のポテンシャルを見抜くことはできていなかったのではないか。例えば採用において、履歴書情報やコンピテンシー面接などで見抜くことができたのは、外面ではなかったのか。

人の行動を方向付け、行動を突き動かしている根源的な土台が、内面の奥底に潜むヒューマンコアであり、それが、自社が求める行動を違和感なく発揮できるかどうか、つまり「自社への適合性」を確認しなければならないのにもかかわらず、外面しか見ていなかっ

た可能性が高いのである。

社員の行動評価や業績評価など、「結果」を評価すべきであるものとは異なり、採用、配置、抜擢、育成において必要なことは、活躍可能性の「事前予測」なのである。

育成面を見てみると、「気合だ！」「根性だ！」という「昭和の突破型」勝ちパターンの上司が、自身の経験に基づいた行動パターンを部下に押し付け、部下が潰れてしまう事例は数多い。しかも、インターネットが普及した環境で育った最初の世代であり、ワークライフバランスを重視し、仲間とのつながりを何よりも大切にする傾向が強いとされる「ミレニアル世代」以後の若者たちを抱える今、この事例は増加しているのだ。

部下のモチベーションを著しく下げている原因は、上司と部下の間にある「遠い距離感」である。上司が部下のヒューマンコアや勝ちパターンを把握できておらず、接し方も育成ポイントも解らないまま、よかれと思って自分の勝ちパターンを部下に押し付けている。結果として、部下の個性を「尊重」できず、良好な人間関係が構築できていないことにある。

世代間における「考え方・価値観の違い」は想像以上に大きく、上司と部下の勝ちパターンが同じである可能性は低いと考えた方がよいだろう。上司と部下の良好な人間関係が構築できていなければ、部下が、信頼、納得、感動によって突き動かされていくような組織風土にはならない。指示と命令に従うだけの関係になってしまうのだ。

この「良好な人間関係構築」については、組織の「心理的安全性」を織りなす「部下個々の心理状態」のことも忘れてはならないキーワードである。「心理的安全性こそが仕事で成果をあげる組織とそうでない組織とを分かつものであった」という研究結果を報告されている企業もあるほどだ。

この心理的安全性は、生まれも育ちも違う相手を、その言動の背景（ヒューマンコア）から理解し、尊重することから生まれると言える。だからこそ、「相手をその言動の背景（ヒューマンコア）から理解するために、その客観的データが必要である」ということなのである。

実際に私が、良好な人間関係構築についてご相談を受けた企業の多くは、個の内面にフォーカスし、かつ業績向上に繋がる「育成体系」の設計を目指されていた。その育成体系の中に、実現手段として「研修」や「ＯＪＴ」などが紐付くわけである。

この育成体系の設計に科学的手法を用いることにより、業績にヒットする「重要行動」が何なのかが明確になる。そして部下個々のヒューマンコアと、重要行動に対する個々の行動傾向ギャップや勝ちパターンも可視化することができる。これらを上司と部下の間で共有し、一緒に手を取り合って高みを目指すという活動が始められるのである。

最早、経験と勘は通用しない

さて、本節では、ヒューマンコアにフォーカスすべきであることを説明していく。そのためには「経験と勘に頼った属人的人事から脱却し、人事に科学を用いるべきである」と主張しているのであるが、特に活躍可能性を事前予測する場面において、その主張の根拠について整理する。

「何故、経験と勘が通用しないのか」というと、人が人のヒューマンコアという見えないものを客観的に見抜き、自社の各組織における活躍人財要件を把握し、それとの適合性からどれほど活躍できる人財なのか、何処で躓きそうな人財なのかという真のポテンシャルを定量的に見極めることは非常に難しい面があるからである。

そして、「何故、科学的手法を用いるべきか」というと、経験と勘による定性・主観的判断を定量・客観的データで補うためである。

どういうことかと言えば、例えば、現在の幹部たちが、次期幹部候補をリストアップした場合、そこで選ばれた人財のうち何割かは一致するケースが多い。そこで、その一致した候補者をリストアップした現幹部たちに「何故、彼・彼女なのか」と尋ねてみると、その理由は、定性的・主観的なものが多く、しかも全く異なる理由が返ってくることも多いのである。

この定性的・主観的判断は決して間違いとは言えず、むしろ正しい場合も多いのだが、問題は、定量的・客観的ではないために一貫しておらず、言語化しづらく、仮に言語化できたとしても方程式が作りにくい点にある。方程式とは、被検者のヒューマンコアデータを測定し、その方程式に投入すると自動的に活躍可能性が判定される計算式を指すのだが、この方程式が作れないとなると、現幹部が普段接している社員以外からの発掘漏れが起きやすくなり、選ばれる人財に偏りが起きやすくなる。そして採用前に、将来の幹部候補者を見極めることもできなくなるのだ。だから科学的手法を用いるべきなのである。

「人を見極める基準」の変遷と問題点

企業は、人を採用する時、ある部門への配置を決める時、幹部として抜擢する時などには、候補者が期待する活躍をしてくれるかどうか、必ず何らかの見極めをしている。その見極めの基準は図1の通り、時代とともに変遷してきた。

一昔前は体力があればよいという時代があった。そして、体力があっても頭が良くなければダメだというのが次の時代。

そしてコンピテンシーの時代を迎える。

コンピテンシーの定義は学者によって様々であり、統一した定義は未だ見られないのであるが、米国ハーバード大学の心理学者マクレランド教授などの報告を踏まえた、レイル社の100社以上への実践的調査に基づけば、「頭の良さと業績との間には相関・因果関係が低いが、高業績人財には低業績人財にはない行動傾向があり、その行動の根源的な土台である性格特性や動機（ヒューマンコア）にも異なる特徴があった」というようなものとして整理することができる。

この整理に基づけば、「コンピテンシー」とは、頭の良さよりも行動の方が、さらに表層的な行動よりも行動の根源的な土台であるヒューマンコアの方が、より業績との間の相関・因果関係が高かった」という概念であると理解することができる。

図1：「人財発掘」基準の変遷

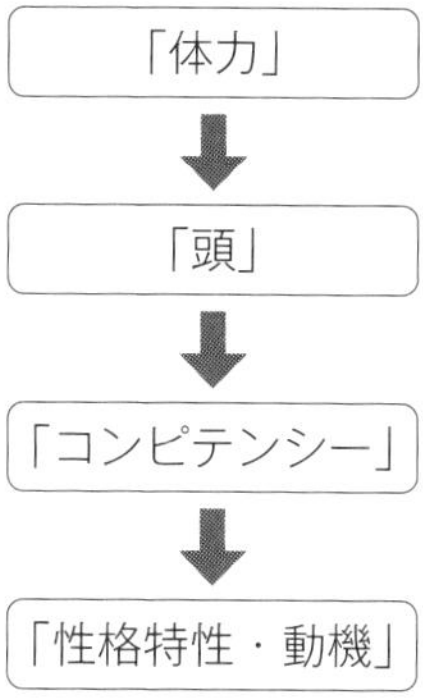

このコンピテンシーの概念は当時としては非常に斬新であり、それまで知能テストや適性テストにジレンマを感じていた多くの人事担当者の悩みをスッと吹き飛ばすほど、インパクトのあるものだった。また、頭の良さよりも観察可能な行動にフォーカスしたことによって、現場でより理解されやすく説得力のある概念として一気に世界中に広がった。

しかし、このコンピテンシーは、実際の運用面では様々な課題が後になって浮き彫りになっていくのである。

コンピテンシーの課題1（育成）

例えば、一般的なコンピテンシーの使われ方は、職種などの単位ごとに高業績者の行動特性を分析・整理し、それを「コンピテンシーモデル」として掲げ、発揮すべき行動のゴールとして、同じ職種の全社員にそれを真似るよう指導する。そうすることで、全社員の質の向上を目指すというものである。

しかし、個々のヒューマンコアは1人ひとり異なるものであり、それに準じて個々の勝ちパターンも異なる。これは同じ職種の中にあっても言えることで、一部の高業績者の行動を全員で真似るように指導されても、どうしても馴染めない人が出てくるのだ。

昭和の時代に多かった「突破型の勝ちパターン」の営業マンの行動を、「緻密な提案型の勝ちパターン」の営業マンが真似ようとしても、なかなかうまくいかないのは、その典型例だ。どうしても違和感を覚えてしまうのである。本人にとって、この違和感はジワジワとストレスとなっていき、やがてその行動の継続に支障をきたしてしまうのである。

もしも自分の勝ちパターンとは全く異なるコンピテンシーモデルが、会社の行動評価基準になっていたら大変である。その職場では、自分の勝ちパターンで行動すればするほど評価されないということになってしまうのだ。

コンピテンシーがどれほど有用な概念であったとしても、個々のヒューマンコアや勝ちパターンを尊重せず、一部の目立った優秀人財の行動をコンピテンシーモデルとして全員で真似ようとする運用スタイルに無理があったと言えるのだ。

コンピテンシーの課題2（行動評価基準）

コンピテンシーモデルは行動評価基準としても広く活用された。しかし、これもコンピテンシーの概念そのものの問題ではなく、もっと根本的な問題が絡んでうまく運用できない企業が多かったと言える。

それは、この時代、そもそもコンピテンシーモデルの設計は、優秀人財へのヒアリングという属人的な手法、つまり「定性・主観的」手法によってなされており、「定量・客観的」な分析手法を用いずに設計されていたため「妥当性」に疑念があったという問題だ。簡単に言うと、その定義された行動を発揮すればするほど業績にヒットするという相関・因果関係が検証されていないケースが、圧倒的に多かったということである。

企業には一般的に、「行動評価」基準と「業績評価」基準の２つがある。そのうち、行動評価が高いにもかかわらず業績評価が低いという社員が大勢確認される企業は、行動評価基準の妥当性検証がなされていないことを疑うべきである。残念なことに、私の経験では非常に多くの企業でこの現象が確認されている。

もちろんこの判断をするには、行動が発揮されてすぐに業績にヒットするわけではないので、半年か一年か、業界・業種、職種にもよるが、一定の期間が経過した後の業績評価との関係性を検証する必要がある。

行動評価基準を設計する目的は、業績を向上させるためである。「今期の業績は良くなかったが、今後の業績向上に繋がる行動ができるようになった」ことを評価するために用いる。だからこそ、高業績者の行動特性を分析・整理したコンピテンシーモデルを行動評価基準にもってこようとしたわけである。しかしそこに「妥当性検証」が欠けていると、行動と業績との間の相関・因果関係があるのかないのか解らないままリストアップしたことになる。

どういうことかと言うと、高業績者が「私はこういう行動をとっている」と答えた行動には意味があるはずである。しかしその妥当性については、他の社員も含めたデータで検証すべきなのだ。例えば、他の社員も高業績者の答えた行動と同じ行動をとっていた場合、業績への相関・因果関係は低いということになる。つまり、全員がその行動をとっているのにもかかわらず業績に差が出ているということになるのだ。

もちろん、相関・因果関係が低くても、「最低限必要な基本的行動や姿勢」は重要であるし、高業績者ほど基本に忠実であるものだ。そのため、こういう場合は「行動指針」などに書き出しておくか、あるいは7つの行動評価基準を設計するならば、そのうちの1つか多くても2つくらいはあってもよい。しかし、その他の行動評価基準は、相関・因果関係が担保されているものを適用させるべきだ。

何故ならば、行動評価基準は育成のゴールとして、その行動が発揮できるように研修が設計されるし、現場のＯＪＴも、その行動発揮が合言葉となるほど重要なものだからだ。その行動を発揮すればするほど業績にヒットするという相関・因果関係が担保されていないということになると、致命的である。

コンピテンシーを行動評価基準にもってこようとした多くの企業が、妥当性検証を疎かにしたことによって、このジレンマにはまり込んでしまったのだ。

コンピテンシーの課題3（新卒採用）

元ソニー株式会社・人事戦略部統括部長であった中田研一郎氏は、ソニーの新卒採用にコンピテンシー面接を用いた時の苦い経験を話してくれたことがある。

コンピテンシーは、人の行動には「再現性」があるという前提に立つ。つまり、人は、類似した行動傾向をとりがちであるため、過去にも類似した行動をとっているはずであるという考え方である。

コンピテンシー面接とは、この再現性を利用して、将来ソニーで活躍できることを類推できるような行動が過去にあったのかどうかを面接で確認しようという試みである。

「私はソニーというグローバルフィールドで活躍できる自信があります」という学生に、「君はそのために今までどんな行動をとってきましたか？」と質問するのだ。

しかし返ってきた答は、

「クラブ活動でキャプテンをしていました。だからリーダーシップがあります」

「アルバイトを数多く経験してきました。だからコミュニケーション能力とビジネスセンスが磨かれました」

「ゼミで幹事をしていました。だから積極性とマネジメント能力があります」

「体育会系のクラブ活動をずっと継続していました。だから粘り強く忍耐力があります」

などなどであった。

新卒採用であるから、過去の行動シーンとしてクラブ活動とアルバイトの話が大半であったことは仕方がないのかもしれない。しかしこれについて中田氏は、「一般的な経験から連想される能力をあげているだけで、具体的な行動事実の裏付けがないケースが圧倒的に多かった」「面接におけるワンパターンの質疑応答では、学生の能力の判定は容易ではない」と感じられたそうである。

その後も中田氏は、過去の行動事実を確認するために「事実確認法」（本人がとった行動を、時系列で順番にひとつずつピックアップする。そしてその各行動が、どの評価項目のどんなレベルになるかをチェックし、項目に振り分けていくことで活躍可能性を判断する手法）を取り入れるなど、外部コンサルタントのアドバイス通りに多くの工夫をされた。しかし、日本の新卒採用面接にコンピテンシー面接手法を用いることは容易ではなかった。

面接官については、

◇面接官自身の経験と勘に依存し、合否の根拠が感覚的で共通言語に落としにくい

◇面接官の価値観により判断が異なる

◇「面接官＝実際の配属先の将来の上司」ではない

◇コンピテンシー面接を行っても、対応できる学生自体が少数だった

などの問題点が浮かび上がった。

さらにもうひとつ、もっと根本的な問題があった。それは、ソニーが求める活躍人財の特性は、文化や歴史、ビジネススタイル等によって、想像以上にそれぞれの部門で異なっ

ているということである。この点が曖昧なままでは、どの部門で活躍できる人財なのかが解らないではないかという本質的な限界に直面されたのである。

この数年後、私と中田氏は出会い、中田氏はレイル社の「特性アセスメント」ツールの設計に深く関わられることになるのである。

コンピテンシーの課題4（定義の揺らぎ）

コンピテンシーが有用な概念であるにもかかわらず扱いづらかったのには、もうひとつ大きな原因があった。それは、学者によって様々な考え方が示され、コンピテンシーの定義がグチャグチャになってしまったことである。ある学者はコンピテンシーとは行動傾向（発揮される行動自体の癖）のことであると定義し、ある学者は行動の構成概念である性格特性や動機から行動傾向までを全て含むと定義し（この場合、行動特性と言われることが多い）、ある学者は個人の特性であると定義し、といった具合だ。

それぞれの学者にはそれぞれに学術的正しさがあるのだろうが、戦略人事の関心は、自社の現場で有効に運用できて、実際に人事上の課題が解決できるかどうかの一点である。残念ながらこの一連のコンピテンシー定義の混乱は、結果として企業現場にも混乱を招いてしまったのである。

このようにしてコンピテンシーは、時とともに異なる定義が氾濫し、それを活用したサービスを提供するコンサルティング会社によっても言うことが異なるという現象が起こってしまった。それに加えて、運用面での使いづらさも露呈してくることになってきたのである。

私は今、コンピテンシーの概念そのものが揺らいでいることに対し、新たに整理すべき段階に来ていると感じている。具体的には、コンピテンシーではあやふやな領域であった内面、特にその深層部のヒューマンコアにフォーカスし、もう一度整理してみる必要があると考えている。

本書で示しているHRプロファイリング実現の肝である「自社基準」は、このような考えを背景として、私たちの実践的な活動の蓄積によって得られたものである。

行動の根源的な土台は「ヒューマンコア」

こうして、今や「性格特性・動機」にフォーカスする時代を迎える。この背景には、ICTの進化によりCBT（Computer Based Testing）方式による、使いやすい特性アセスメントが普及してきたことも大きく影響している。わずか数分のアセスメントを被検者に実施するだけで、人が見抜けなかった相手のヒューマンコアが測定できるのであるか

図2：人が行動を生み出す構造の「氷山モデル」

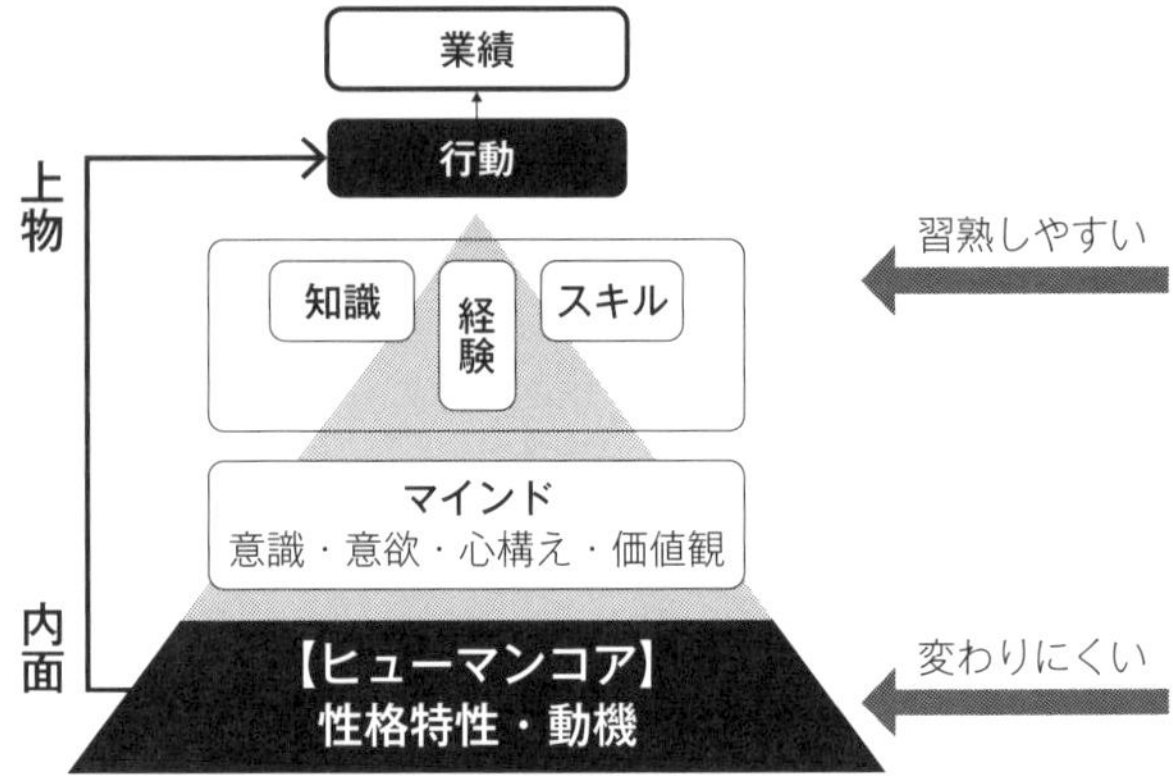

ら、人事担当者なら誰でも飛びつきたくなるサービスが身近に広まっていたのである。

ここで何故、観察可能な行動よりも、内面深層部に潜む性格特性・動機にフォーカスする時代を迎えたのかについて、前述の通り、コンピテンシーの運用面での使いづらさをカバーできる使い勝手のよいアセスメントサービスが普及したからという見方は表面的である。

本質的な理由をご理解いただくために図2をご覧いただきたい。この図は１９９０年以降、マクレランド教授などの古典的なコンピテンシー概念を様々な学者が様々にモデル化していったのであるが、そのなかで特に「氷山モデル」と呼ばれるものを参考にしながら、レイル社における１００社以上との実践的経験を踏まえて私が新たに簡略化して作成したものである。

一番上にある「業績」は「行動」と連動していると考える。実際には、業績と行動の間には、外部環境など、業績に影響を与えるいくつかの要素があるのだが、本書では連動すると考えることにする。業績の出る行動をすれば業績が出るのであって、何も行動しなければ、あるいは業績にヒットしない行動をいくらやってみても業績は出ないと考える。

そして、人の行動の根源的な土台は、内面の深層部に潜むヒューマンコア（性格特性・動機）であるのだが、海に浮かぶ氷山のように、水面から出ている部分しか他人には見えない。

つまり、人が人を見る時、最も顕在化していて観察可能なものは行動であり、次に知識やスキルを確認することができ、経験は「見え隠れ」している。その下のマインドは見えず、さらに下のヒューマンコアは全く見えないことを示している。

しかし実は、この全く見えないヒューマンコアこそが、人の行動を突き動かす根源的な土台であり原動力であるのだ。ヒューマンコアが「やるぞ！」と意思決定し、セットアップされた意識・意欲・心構え・価値観などのマインドの影響を受けて、最後に知識・スキル・経験をツールとして活用して行動を発揮するのである。この構造を図解したものが、図2の「人が行動を生み出す構造の『氷山モデル』」なのである。

このヒューマンコアは、若年期に形成され、その後、一生涯を通して容易には変容しない。基本的にせっかちな人は一生せっかちであり、短気な人も一生短気である。

では、せっかちな人はいつも入念な準備を怠り、ポカミスが多く、詰めが甘いのかというと、そうではない。人は皆、「今回のプロジェクトでは絶対にミスが許されない。一歩踏みとどまって考える回数を増やそう」などと、「マインド」をセットアップすることによって、発揮される行動をコントロールしているからだ。

大事なことは、ヒューマンコアと求められる行動との間のギャップが大きいほど、人は違和感を覚えてしまい、その行動を継続しづらくなるということだ。そしてその違和感はやがてストレスとなり、それがひどくなるとメンタル不調を発症する可能性も高まってしまうのである。

知識やスキルは行動の原動力ではない

人の行動は、ヒューマンコアが根幹の意思決定をしているのであって、決して、知識やスキルなどの所謂「上物」が意思決定をしているのではない。「よしこの仕事で燃え尽きてやる」「この会社の考え方には合わない」「世の中から賞賛を受けるようなインパクトのある仕事をしたい」などから、「彼・彼女とは心底合わない」という感情的判断まで、その根幹の意思決定はヒューマンコアがしているのだ。

故にこの氷山モデルは、有名大学を出ていようが、知能が優れていようが、スキルや経験が豊富であろうが、優秀に活躍できるかどうかに最も影響を与えているのは「ヒューマンコア」であるということを示しているのである。

しかし「知識やスキルがなくては、仕事はできないではないか」と思われるかもしれない。この点については、仮に今、知識・スキル、経験が不足している人財であっても、自社にとって優れたヒューマンコアを有する人財であれば、将来自分にとって必要となるであろう知識やスキルを貪欲に習得していこうとする行動傾向が高いものである。また、ヒューマンコアは「変わりにくい」が、知識・スキル、経験は「習熟しやすい」ため、きちんとスキルMAP（必要となる知識やスキル、経験などのリスト）を整備して、不足スキルを補える育成体系を設計・運用していけばよいのである。

もちろん、知識やスキルの習得に時間がかかる仕事や、知識やスキルの必要度が極めて高い専門的な仕事の場合には、事前によく知識やスキルの有無を確認する必要があることは言うまでもない。

ただ、ご理解いただきたいことは、知識やスキルなどの上物は、必要ではあるが行動の原動力ではないということだ。これらは「後から習熟できる」ことであるのに対して、ヒューマンコアは、業績との相関・因果関係が非常に高いにもかかわらず、「後から変わりにくい」ということである。

故に、採用、配置、抜擢などの重要シーンでは、ヒューマンコアの見極めを疎かにしてはいけないということを、この氷山モデルではいいたいのである。人を見極める基準が性格特性・動機にフォーカスする時代を迎えたというのは、このような本質的な理由があったからなのである。

将来の「活躍可能性」は「ヒューマンコア」から見極める

この氷山モデルの概念は、本書において非常に重要な骨格となるものであるため、さらに図3もご覧いただきたい。人の活躍可能性を見極めるために見るべきポイントは、行動（結果）ではなく、その行動が発揮された「原因」であることを示している。

ここで、コンピテンシーの時代には、「将来の行動予測に、過去の行動確認という手法をとっていたではないか」と思われるかもしれない。

確かに行動には再現性があるから、過去の行動確認という手法は間違いではない。しかし次の3つの理由から、行動が発揮される原因である「ヒューマンコア」を見極めるべきなのである。

1つ目は、氷山モデルで示されている通り、行動の根源的な土台はヒューマンコアであり、ヒューマンコアと行動（＝業績）との間には、高い相関・因果関係が確認されていること。

2つ目は、科学が進化し、以前は見ることができなかったヒューマンコアを精度高く数分で測定することができるようになったこと。

3つ目は、過去の行動から将来の行動を予測することは、実は難しいということ。人の行動は、その人の人生のなかで常に進化し続けている。ご自分の昔の行動と今の行動が同じであるかどうか、考えてみてほしい。全く違う人間であるかのように進化しているはずである。ましてや学生時代は、勉学、クラブ活動、アルバイトなどに行動シーンが限られている。

図3：活躍可能性を見極めるためのポイント

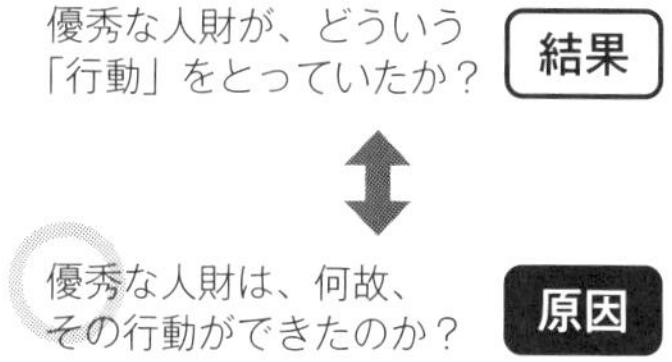
優秀な人財が、どういう「行動」をとっていたか？
結果
優秀な人財は、何故、その行動ができたのか？
原因

この過去の行動から、将来の我が社における行動を類推できるようなコンピテンシー見極めのプロがどれほどおられるのだろうか？　論理的には正しいのであるが、これは容易なことではない。さらに、前提となっている再現性についてもっと本質的に言えば、再現しているのは行動ではなく「ヒューマンコアの動き」なのである。

常に外部環境は変化し続けており、目の前の状況も同様に変

図4：ヒューマンコアから「将来の行動」を予測する

化し続けている。以前と全く同じ状況に出くわすことはなく、常に不連続な困難な状況に出くわしているにもかかわらず、優秀人財はいつもその試練を乗り越えて成果を出し続けている。このことを、「優秀人財には再現性がある」というのである。数年前と全く同じ行動が再現されているのではないということだ。

以上を図解したのが図4である。

まず行動は「結果」であり、ヒューマンコアが「原因」である。①の線は、氷山モデルの通り、ヒューマンコアと行動（＝業績）の間には高い相関・因果関係が確認できるということを示している。②の線は、①の相関・因果関係を利用すれば、今のヒューマンコアを見ることで将来の行動（＝業績）、つまり活躍可能性を精度高く予測することができるということを示している。そして、③の線は、間違いではないが、容易ではないということを示している。

特性アセスメントでの高スコア者が入社後にフィットしない現実

ここまで、人を見極める基準の変遷として、今は「性格特性・動機にフォーカスする」時代であることを説明してきたが、実は、この本質を理解して、かつ有効に特性アセスメントを活用できている企業は少ない。何故かというと、根本的で大きな問題が横たわっているからである。

それは、「特性アセスメントでの高スコア者が入社後にフィットしない」という現実である。このジレンマを持たれる企業がとても多いのである。

その結果、特性アセスメントは「高額な星占い」的な位置付けとなって軽視され、それに代わって「知識はあるか」「計算が早くできるか」「四字熟語を知っているか」などの「学力系」能力テストを一次選抜の基準として使う企業が増加しているのだ。

しかし、これらは能力の一面ではあるものの、ビジネスの現場で求められている「問題の発見と解決や、新規事業の創出など、外界の様々な物事を活用して考え抜く、実践的な思考力」を測定しているものではない。「頭の良さと業績との間の相関・因果関係は低い」ということは、コンピテンシーの概念が広まってきた時に既に明らかになっていたことである。にもかかわらず、変遷してきた「人を見極める基準」が逆戻りしてしまっているのだ。

では、何故、特性アセスメントを有効に活用できないのか、どうすれば有効に活用できるのかについて、以降で解説していこう。

ヒューマンコアは「容易に変容しない」からこそ「予測に使える」

これほど重要なヒューマンコアは、いつどのように形成されているのだろうか。図5をご覧いただきたい。

ヒューマンコアの形成には、理論的枠組みとして「遺伝説」と「環境説」が関連していると本書では考える。遺伝説ではゲゼル（心理学者）が、そして環境説ではワトソン（心理学者）が有名である。ゲゼルは、「発達は遺伝によって決まる」と唱え、ワトソンは「発達は生まれた後の環境（経験や学習）によって決まる」と唱えた。その後、輻輳《ふくそう》説（発達は遺伝と環境の足し算で決まる）や、相互作用説（発達は遺伝と環境がお互いに影響する）などの考え方も出てきたが、総じて若年期に形成されるという点では一致している。

1797年頃に南フランスで発見されたとされる野生児は、発見当時、感覚機能は低下していて、視線は物を凝視することができず、嗅覚は未発達であったなど、およそ人間らしさを失っていた。その後、正常な状態に戻すための様々な努力がなされたのだが、完全

図5：「ヒューマンコア」は若年期に形成

に回復することはできなかったそうである。

この事例は、「人間として生まれつき備わっていると思われるような機能さえも、人は生まれてからの環境や教育によって獲得している」という事実を物語っている。

カント（哲学者）は、「人間は教育によって初めて人間になる」と唱えている。善悪をはじめとする「人」としての教育を受けることなく育った場合、見た目の姿形は人間であっても、およそ人間らしい判断や行動ができなくなるということを言っているのだ。

環境説を唱えるワトソンは、「健康な乳児を私に預けてくれれば、遺伝的要素とは関係なく、医者、芸術家、どろぼうに至るまで、様々な人間に育て上げることができる」と豪語しているのである。

これらの事例と事実は、ヒューマンコアの形成には、遺伝よりも環境の方が強く影響していることを示している。人間の身長は、環境よりも遺伝の影響が大きいと言われているが、ヒューマンコアの形成においては、遺伝よりも環境の影響が大きいと見るべきであろう。それほど環境、特に「親の育て方」は大きく影響する場合が多いのである。

「あなたはやればできる子よ」と親に言われ続けた子どもは、大人になっても「根拠のない自信」を持ち続けている可能性が高いことが解っている。これは「自己有能感」という確固たる自分への信頼なのであり、成功するリーダーに共通する特性のひとつでもあるのだ。

このように、ヒューマンコアは「若年期の環境」、即ち、親や、幼稚園・小学校の先生、友達などの影響を受けて形成され、その後の変容は容易ではない。

そして集団（＝社会）との関わりや、様々な経験のなかから、価値観が芽生えていき、ヒューマンコアの表層部に上塗りされていく。青年期以降は、形成されたヒューマンコアが違和感を覚える価値観は切り剝がされ、居心地のよい価値観をさらに上塗りしながら、人格が形成されていくのである。

成人している私たちは皆、「この点だけは譲れない」という拘りのポイント、「そんなことはどうでもよい」と軽視しているポイント、「あの人だけは合わない」という感情など、これらの信念や生き様の根幹であるヒューマンコアを持っている。このヒューマンコアはいわば「本性」であり、そう簡単に変われるものではない。人は皆、好む好まざるにかかわらず一生涯、自分のヒューマンコアと付き合っていかなければならないのである。

そして、とても大切なことは、ヒューマンコアは親の影響を強く受けて形成される場合が多いのであるから、「親からのギフト」とも言えるのであって、個々のヒューマンコアに優劣はなく、全て尊重されるべき素敵な「個性（の骨格）」なのだと理解すべきということである。

ただ、人と職のマッチングを考える時には、自社の社風（考え方・価値観）のなかで、この仕事で活躍するために必要となるヒューマンコアの要件にどれほど適合しているかを確認する必要があるということなのである。これは企業にとってだけでなく、本人にとっても大切なことのはずだ。

「ヒューマンコアは容易に変容しない」からこそ、ヒューマンコアを測定することから自社における将来の活躍可能性を精度高く予測することができるのであって、ヒューマンコアが、知識やスキルのように常に変化しているのであれば、その予測値に、高い予測的妥当性は得られないのである。

第２章

ＨＲプロファイリングとは

ＨＲプロファイリングの定義

第1章では、人の「ヒューマンコア」にフォーカスすべき理由として、

◇人は皆ヒューマンコアを持っていて、それは容易には変容しない。

◇ヒューマンコアが行動の根源的な土台であり、業績（＝行動）との間に高い相関・因果関係がある。

◇故に、ヒューマンコアと求める人財要件の適合性から、精度高く活躍可能性を分析することができる。

ということをご理解いただいたと思う。

第2章では、そのヒューマンコアを企業目線から捉える手法であり、かつ本書のタイトルでもある「ＨＲプロファイリング」の解説に入っていく。

HRプロファイリングとは、その名の通り、
◇ヒューマンリソース（人財のヒューマンコア、接し方、活躍可能性、勝ちパターン、躓くポイントなど）を、科学的（定量・客観的）に分析し、
◇その分析データ（HRプロファイル）を、「戦略人事」のミッション（経営陣が立てた経営戦略を実現するために必要となる人財を供給し続けること）実現のために活用する手法である、
と定義できる。

「HRプロファイリング」で戦略人事のミッションを実現するためには、人財のヒューマンコアを可視化することが必須条件となるが、単に性格特性・動機が可視化されて、「彼・彼女はこういう性格特性・動機だ」と解るだけでは目的を果たせない。活躍可能性が不明だからだ。

彼・彼女は「経営戦略を実現するために必要となる人財」として、どれほどの活躍可能性を持つかについて、営業、研究開発、マーケティングなどの組織分野ごとに、精度高く定量的に分析（数値化）された「HRプロファイル」データが得られなければならないのだ。

そのためにHRプロファイリングでは、高精度な「特性アセスメント」ツールを活用す

る必要がある。人の眼には見えないものを捉えて、自社における活躍可能性までを定量化する必要があるからだ。

「科学的視点を持つ」ということの意味

「戦略人事」を名乗る人が注意すべき点は、新しい横文字に飛びついたり、権威ある人の魔法の言葉に惑わされて、選択すべきことを見誤ってはいけないということである。私は多くの失敗事例を見てきている。言いにくいのだが、多くの人事責任者の方は横文字と権威に弱い。この5年間で500社ほどを訪問しているが、自らの眼（科学的視点）を信じ、経営陣が期待する戦略人事を死に物狂いで実行している方はごくわずかであった。

ここで言う「科学的視点」とは、どこかの大学の著名な研究者が語る「科学的手法」をただ信じること、ではない。科学の基礎は、「批判的姿勢」にあるのだから、著名な研究者が唱えたことであっても、それが自社に当てはまるのか、自社にどういう効果と限界があるのか、を自ら突き詰めて論理的に考え、説明することこそが、科学的視点を持つということである。

昨今、著名な大学教授が唱える科学を崇拝し、信仰するかのような姿勢が企業人事に見られるが、これでは、科学する、とは言えず、どこかの「自社とは違うサンプル」を対象に分析された結果を科学と言われて、それを信仰しているに過ぎないのである。

さて、戦略人事がうまく機能しないのには、「権限が与えられていない」ということも大きな一因である。経営陣が戦略人事の重要性を理解できていないのである。経営陣は戦略人事のミッションを望んでいるにもかかわらず、何故理解して権限を与えないのか。非科学的だからである。

戦略人事が科学的視点を持つということは、「再現性」と「実証性」を繰り返し検証していく姿勢を持つということだ。科学は万能ではない。「特性アセスメント」ツールや「タレントマネジメント」ツールを導入することがゴールではなく、常に科学的検証を繰り返し、経験値をベースに毎年打ち手の検討を行うなど、「ツールを使いこなす姿勢とスキル」が大切なのである。

でなければ失敗を繰り返すことになるし、経営陣を納得させ、権限を得ることはできないだろう。

2001年頃、経営陣から、「戦略人事として人事の大改革をせよ」と特命を受けて人事戦略部統括部長に抜擢されたソニーの中田研一郎氏は、当時、改革を進めようとする度に社内の反対勢力からの猛反発にあったという。後に中田氏はこの時のことを「地上で銃を構える反対勢力の人たちのなかに、1人パラシュートで落下するような気持だった」と語られている。「組織」を「変革」させるという戦略人事のミッションは、想像を絶する、困難を極めるものなのだ。自ら科学的視点を持ち、科学的裏付けとともに打ち手の有効性を語れなければ、相手を納得させることは難しい。

「戦略人事」を名乗る人は、科学的視点という武器を持たなければならないのである。

HRプロファイリングは組織変革のカギ

HRプロファイリングは、経験と勘に頼った属人的な人事から脱却し、科学的視点と人的経験値を融合した「新たな人事のスタイル」を目指すためにある。科学は「万能」ではないので、科学だけに頼ることは危険である。科学を利用するのである。

そしてHRプロファイリングは、組織変革を成し遂げ、よい組織状態を維持し続ける武器となるのである。

企業が組織変革を成し遂げるには、図6の「採用・人財活用」から「行動評価体系」までの領域（太点線枠）を成功させなければならない。これを成功させるベースとなる考え方は「タレントマネジメント」、つまり個を尊重し、個々のタレントを見極め、採用、育成、配置、抜擢に活用していくことにある。

タレントマネジメントに科学的視点を用いる具体的手法がHRプロファイリングであ

図6：HRプロファイリングの活用領域

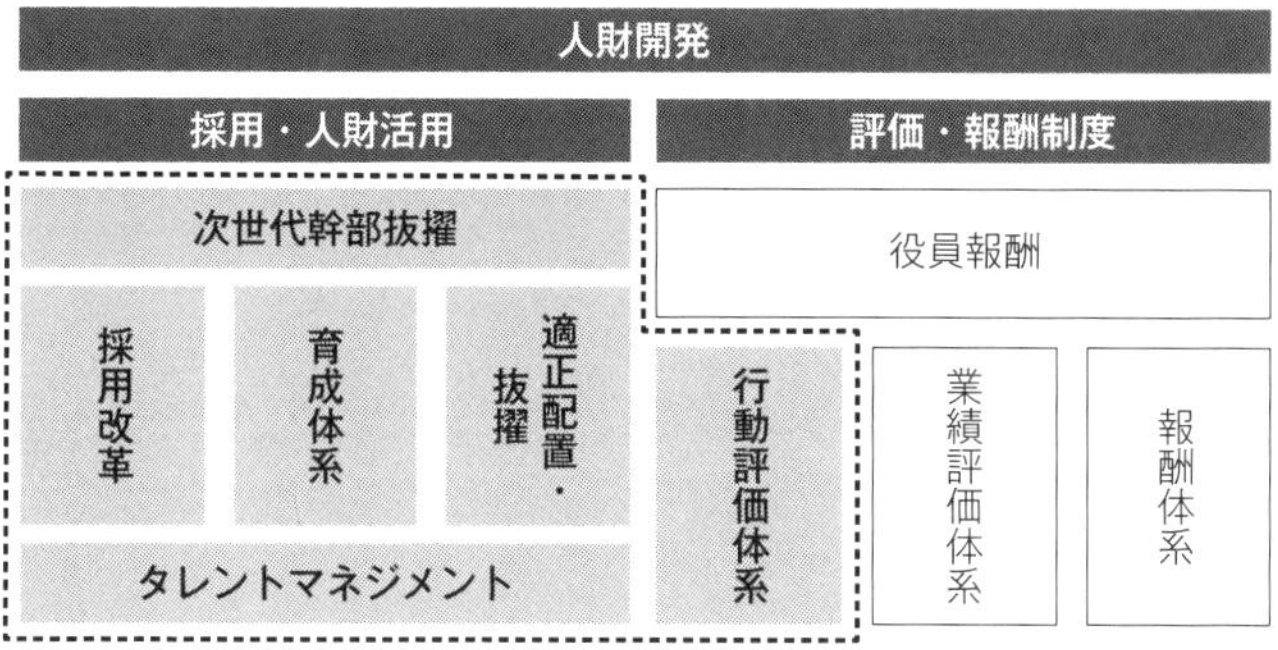

り、これがタレントマネジメント成功のカギとなる。

さて、組織変革のベースとなる重要な考え方はタレントマネジメントであるが、しかし何をタレントとして用いるべきなのか、そこに科学的根拠が必要になってくる。

タレントマネジメントシステムは要するに「箱」であって、登録されたタレント情報を様々に分析し、可視化してくれるが、そもそものタレントに意味がなければ、今まで見えなかったものが見えるようになったというだけであって、人事上の諸問題の本質的な解決策には繋がらない。

実際のところ、多くの企業で登録されているタレント情報は過去の事実情報である場合が多く、単なる記録の可視化ツールとなっているケースが多い。そこから個々の将来の活躍度合いが見極められるのか、個々の何処を伸ばせば業績にヒットするのか、個々の勝ちパターンは何なのか、といったことが見えるのだろうか。

ＨＲプロファイリングが実現すれば、高精度にこれらが可視化されるのである。

タレントマネジメントを成功させるカギは、このＨＲプロファイルをタレントとして用いることだ。ツールの問題ではなく、「何をタレントとするか」という問題なのである。

「採用時の厳選」にこそ活かすべき

戦略人事のミッションである「人財を供給し続けること」を実現するには、人財を採用し、育成し、配置し、抜擢するという、大きく4つの側面がある。

採用が入口で、他は受け皿と考えた場合、早期離職、メンタル問題、次世代幹部候補の不在、滞留人財（クビにならない程度に力を抜いてぶら下がる人）の増加、人財開発の停滞、有望人財の離脱など、人事上の問題は、いずれも受け皿で起こっている。

ここで滞留人財の増加について補足すると、これは目立たないのだが、とても深刻な問題なのかもしれない。特に大手企業では5割近くの社員が該当するのではないかと思えるほど、ご相談を受けることが多いのである。

滞留人財の多くは頭が切れ、如何に自分のポジションが重要であるかを力説できる。普段は目立とうとはせず、無理をせず力を抜いてそのポジションを守り抜く。それだけならよいのだが、変革が嫌いなのである。厄介なことに、変革を起こそうとする人の足を引っ張る行動が多く見られるのである。

ともかく、これら人事上の問題はいずれも受け皿で起こっているのだが、その根本的な、そして最も大きな原因は、採用時に厳選ができていないことにある。

私は、組織変革を成功させるためには、受け皿の改革は当然だが、それだけでなく、それ以上に、採用時における厳選の精度を高めなければ、決してうまくはいかないと考えている。そのためにHRプロファイリングを活用すべきなのだ。

現状、日本では、大手企業を中心に、採用時の厳選を目的として特性アセスメントが広く用いられている。しかし、受け入れ側である企業の「求める人財要件」の分析が曖昧なままでは、特性アセスメントの結果に対する妥当性が低いことが、我々の研究によって明らかになっている。特性アセスメントにおける高スコア者が入社後に活躍していないというジレンマを、多くの企業がお持ちなのだ。

我々が実際に企業からの依頼に基づいて行った妥当性検証では、特性アセスメントの結果と、入社後の活躍度合いとは無相関である企業が大半であった。つまり、「求める人財要件」の分析が曖昧な企業が大半を占めるなか、特性アセスメントのスコアと入社後の活躍度合いの関係性は大半の企業で低いということである。

この実践的調査結果は、多くの企業が、特性アセスメントにジレンマを感じておられることを裏付けている。「知識やスキルは後から習得できても、人の性格特性や動機を変えることは容易ではない」「しかし、変わりにくいとされる性格特性や動機こそが、人の行動の根源的な土台である」。だから特性アセスメントを用いているのにもかかわらず、多くの企業がジレンマを感じておられるのは何故か。企業側の「求める人財要件」の分析が曖昧だからなのである。

戦略人事は、自社における受け皿の改革だけでなく、採用厳選がうまくいっているのかいないのか、その実態を科学的に検証して実態をつかむべきである。そして、このジレンマを消し去り、採用時における厳選の精度を高めるためにHRプロファイリングを活用すべきである。

つまり、自社における「若手活躍人財」要件や、「次世代幹部人財」要件などを、多様な勝ちパターンを考慮した自社基準として設計し、採用時にその人財要件への適合性を定量的に数値化して見極める必要があるのだ。

残念ながら、この厳選ができていないために、不適合人財を抱えて苦しんでおられる企業が数多いのである。

「活躍可能性」の予測精度は、どれほど得られるのか?

人財の、自社における活躍可能性の予測値を得るには、特性アセスメントツールを用いなければ難しい。しかしその予測精度が、占いレベルでは使い物にならない。

その予測値にどれほどの精度があるかを示すものとして、「予測的妥当性」というテスト理論上の指標があり、最もシンプルな方法としては相関係数を用いて表される。

もし活躍可能性について、「今の予測」と「将来の結果」がピッタリ一致すれば、予測的妥当性(相関係数)は1・0である。しかし、統計の世界でこれはあり得ない。もし両者の関係性がハチャメチャであれば無相関、今の予測が高い人の将来の結果が低ければ、逆転しているので、負の相関として−1・0などとマイナス符号が付く。

さて、本来、企業が費用と労力をかけて実施する特性アセスメントが見極めるべきは、自社における活躍可能性や将来自社の幹部になれる可能性などであり、それを予測的妥当性0・7〜0・9(つまり説明力〈詳しくは後述〉で最低でも約5割以上は死守)の精度で予測できなければならない。

しかし、ストレス耐性が52、変革創造性が48などと、性格特性の数値を測定するだけのアセスメント、つまり、自社基準による自社の各組織における活躍可能性を予測していないアセスメントの場合、予測的妥当性のPDCAを回すことすらもできないのである。

補足すると、予測的妥当性の検証自体は、変数が2つあればできる。例えば、ストレス耐性が52という数値と数年後の業績の2つがあれば、両者の間の相関関係を検証することはできる。しかし、これは2つの理由から無意味である。

1つ目は、人の行動は、例えば外向性など、1つの性格特性因子から発揮されているのではなく、外向性、知的好奇心、情緒安定性など、複数の性格特性因子が絡み合って発揮されている。それにもかかわらず、外向性などの性格特性因子を1つずつ見て「これとこれは相関関係があった。だからこれとこれは高い方がよいのだ」とバラバラに判断するのは、大きな間違いなのである。性格特性因子の1つひとつは、高ければ高いほどよいという性質のものではない。求める人財要件に適合する「ベストバンド（幅）」や「複数の性格特性因子の強弱からなる波形」も考慮されなければならないのだが、これが考慮されないまま、単に1つひとつの性格特性因子に相関関係があった、だからこれが高い方がよいのだというだけでは無意味なのである。

2つ目として、これは致命的な理由なのだが、「活躍可能性の予測値」を変数とした検証ではないから無意味なのである。つまり、特性アセスメントを実施した時点で、「自社のこの部門での活躍可能性がこれぐらいだ！」と先読み（予測）した上で、数年後に、その「先読みした予測値」と「実際の業績」との間の相関関係を検証する必要があるのだが、先読みした予測値が存在しないのであれば、検証すらできないという意味である。ストレス耐性が52というのは、先読みした予測値ではなく単に性格特性の測定値なのである。

そして、検証ができないということは、精度向上を目指したチューニングも難しいということになってしまうのである。

HRプロファイリングで期待できる効果

HRプロファイリングが実現すれば、まず、採用厳選、適正配置、次世代幹部候補発掘などの重要シーンで、高精度な活躍可能性予測値を参考に判断することができるようになる。もちろん、人事は義理人情を無視するわけにはいかないし、科学は万能ではないので科学だけを信用してはいけない。しかし、科学的視点を用いずに属人的な判断だけで人を見極めてきた従来の姿とは、雲泥の差の効果が期待できるのである。

次に、育成面においても、その人のヒューマンコアはどのようなものか、その人と接するにあたり、その人に適したコミュニケーションスタイルは何なのか、その人の自社組織における勝ちパターンは何か、何処で躓きやすいのか、どのような行動傾向を持つのかなどが、具体的に、定量化（数値化）されて示される。そのため、科学的根拠をもって「育成体系設計」にも役立てられ、さらに個を尊重した上司・部下間の関係性や組織風土の良好化によるエンゲージメント向上にも役立てられるのである。

以上は、タレントマネジメントを成功させることに役立つということを意味している。そしてもうひとつ、経営陣や幹部の方々の目の前にある「人財のポテンシャル構造」がクッキリと見えてくる効果が大きいのだ。

本書の序にも記述したように、車を運転している時、目の前が真っ暗なままでは、ハンドルを右に切ってよいのか左に切ってよいのか判断ができない。そんな時、HRプロファイリングという眼鏡をかければ、目の前がクッキリと見えてきて、人に対する様々な発見があり、勘違いやバイアスを取り除き、HRに対する正しい判断がしやすくなるのである。

例えば、私は、クライアント企業の役員・幹部の方々に呼ばれて、HRプロファイルについて解説を求められることが多い。その席上で、「彼は業績も上司の評価も低い。しかし活躍可能性が高く測定されているのはどういうことか?」という発見がある。

この時、私が彼のHRプロファイルを見て、「彼は、今回設計された人財要件モデルに高いレベルで適合しています。人への配慮を怠りがちで、自分だけを信じて突っ走り、孤立もいとわないという面もありますが、今回のモデルは突破型ですので期待されている行動は発揮できるはずです」と解説すると、「なるほど、確かに彼はそうだ。それは言えている。今の上司は保守的だから、彼の本来の行動を制約してしまうだろうし、彼のそういう点はマイナスに評価していることも考えられるな」とか、「そうか、彼はこちらの部門の方が活躍できるのか。あっ、確かに以前はその部門で活躍していたんだ」とか、「なるほど、だから彼と彼は合わないんだ。間に彼が入るとうまくいくんだな」などと、どんどん発見が広がっていくのである。

第3章

何故「自社基準」でなければならないのか

一般的優秀人財が、自社でも優秀人財とは限らない

一般的に優秀だと言われる人財が、自社でも優秀人財であるとは限らない。他社で優秀だった人財が、自社では優秀人財になれないケースが多いことと同じだ。

その背景として、「組織風土」と「職質」という2つの側面が考えられる。

そもそも企業には「バリュー」、つまり企業の考え方・価値観など、「これはよい、これはダメ」という基準がある。組織風土である。廊下を走って褒められる企業と怒られる企業があるのだ。また、同じ企業の中であっても、営業、開発、マーケティングなどの組織分野ごとに組織風土は異なることは多くの方が理解できるはずだ。そして、人財側にも同様に「合う組織風土」と「合わない組織風土」がある。この「組織風土」適合性が低ければ、人は違和感を覚え、行動発揮の支障となっていくのである。

それに加えて、「業績」をあげるために求められる仕事の質感や成果（本書では総じて「職質」という）も異なる。

レイル社のクライアントであるＩＣＴソリューション企業の営業は、パッケージを売る部隊とＩＣＴソリューションを売る部隊とに分かれていた。優秀人財（ハイパフォーマー）の人財要件分析をすると、前者では打たれ強さ、つまり「ストレス耐性」の高さや「ポジティブさ」などが強く求められていたのに対し、後者ではそれらは求められておらず、むしろ「ストレス耐性」は低く繊細で、相手の意図をつかむのがうまい方が良く、何よりも求められていたのは圧倒的な「論理性」であった。

「形のあるもの」を売る部隊と、相手に「未来という形のないもの」を提案してソリューションを売る部隊との違いである。同じ企業の同じ営業という職種の中であっても、取り扱い商材の違いによって求められる「職質」も異なるのである。

そして、人財側にも同様に「合う職質」と「合わない職質」がある。双方の適合性が低ければ、人は違和感を覚え、行動発揮の支障となっていくのである。

このように、自社で優秀に活躍できる人財を発掘するための基準は、一般的な優秀人財の基準を流用してうまくいくものではない。自社における優秀人財の基準を探り当てなければ、永久にうまくいかない世界なのである。

「自社基準」と「他社標準」の違い

前章まで、特性アセスメントに対してジレンマを持たれている企業がとても多いことを説明させていただいた。

この理由は、目的を果たせないからである。

企業が費用と労力をかけて特性アセスメントを用いる目的は、自社組織における「将来の活躍度合」を、100%ではないにしてもある程度の確率で見極めることで、採用選考の時、配置を検討する時、次世代幹部候補者の発掘を検討する時などに、有効な判断材料として活用するためである。しかも、失敗を避けるだけでなく、ベストな選択をするために用いるのであり、この目的を果たせないからジレンマを感じられているのである。実はこの原因は単純で、目的を果たせない特性アセスメントを利用しているからなのである。

特性アセスメントには、大きく2つのタイプがある。

図7をご覧いただきたい。「他社標準」アセスメントと「自社基準」アセスメントの特徴が示されている。このうち、「自社で活躍する人財を選ぶ」という目的を果たせないのは他社標準アセスメントである。

そもそも、「測定・分析対象」が、個人の性格特性などであり、企業側が求める人財要件モデルの分析がなく、そのため自社の各組織分野別の「活躍可能性」が判定されないの

図7：「他社標準」「自社基準」の比較

	「他社標準」アセスメント	「自社基準」アセスメント
設計背景	「均一性」前提型	「多様性」前提型
測定・分析対象	性格特性など	●性格特性など ●人財要件モデル
使い方	「閾値」を設定して、それを超えたかどうか	「活躍可能性」がどれほどか
予測的妥当性	低い	圧倒的に高い

である。

もっと深く、両者の違いを解説していこう。

他社標準アセスメントの設計背景は、「均一性」前提型である。これは、産業や個人の特性がある程度均一とみなしてよかった時代に有効な標本取得法であり、これまでの特性アセスメントの大半が、国内外問わずこのタイプである。

標本とは、特性アセスメントが開発される際、例えば日本人全員を分析することはできないため、部分的にサンプルを集めて分析し、そこから全体を推定して設計していくのだが、その時のサンプルのことをいう。

他社標準アセスメントは、全国の大学生や全国の社会人など、できるだけ多くのサンプルから分析がなされる。これは王道の正しい標本取得法である。

しかし同時にこれは、国民平均を探し求める作り方ともいえるのである。「活躍可能性を見極める」という目的を持つ企業が気を付けなければならないことは、この国民平均は、自社の平均ではないということだ。つまり、働く場である「企業側の基準」という考え方が全く考慮されていないのである。そのため、特性アセスメントに、「自社組織における活躍可能性を見極める」という目的を持つ企業の目線から見ると、他社標準のアセスメントであると区分けされるのだ。

さて、他社標準アセスメントの使い方であるが、「自社基準の尺度」が用意されていないのであるから、「でき合いの国民平均的尺度」に対して、例えば「○○点以下だとNG」というような閾値を設けて使うしか方法がない。よくあるのは、「ストレス耐性」は高い方がよいのだろうと考え、例えば40点以下はNG、55点以上だとOKなどと閾値を設けて使う方法だ。しかし、この使い方は全く非科学的かつ間違った使い方である。これでは将来の活躍人財を切り捨ててしまう可能性があるので、改められた方がよい。まず40点以下はNGという閾値に科学的根拠はなく、それを言い出した人の個人的な属人的経験からの40でしかないのだから。

さらに、多くの企業で優秀人財の人財要件を分析していると、ストレス耐性が高くて優秀人財になっている方も確かにおられるが、低くて優秀人財になっておられる方も多いのだ。最近は、むしろストレス耐性が低い勝ちパターンの優秀人財の方が多くなっている。

ストレス耐性について少し掘り下げると、これは、高くなるほど打たれ強くタフさが増していくが、同時に鈍感さが増していき、事の重大さを認識できなくなる。人への配慮が欠けていく。セクハラ・パワハラをする人の多くはストレス耐性が高い傾向があることをレイル社では確認している。逆に、ストレス耐性が低くなるほど、打たれ弱くなり落ち込みやすくなるが、同時に物事を真摯に受け止める姿勢が高まり、繊細さが増していき、感受性も高まっていく。相手の意図を組んだ的を射た提案や企画は、ストレス耐性の低い人の方が得意なケースが多く、チーム員個々の能力を最大化させているマネジャーにも、ストレス耐性の低い人は多いのだ。

一方、図7右側の「自社基準」アセスメントの「設計背景」は、「多様性」前提型である。各社や各個人の独自性の高まり（多様性）に対応する必要性が急激に高まってきていることに対応するものだ。企業の戦略や勝ちパターンは多様であり、個人の働き方や勝ちパターンも多様であり、時代も大きく早く動いている。自社における活躍人財要件も多様になり、しかも進化していくのだ。

この動きに対応することを前提に設計されたアセスメントが、自社基準型である。もちろん、統計・テスト法、ＩＣＴの進化により、自社基準によるアセスメントの開発が可能になったことが背景にある。これらの進化はさらに、自社内でも単一ではなく、複数の勝

図8：「自社基準」アセスによる「活躍可能性」測定

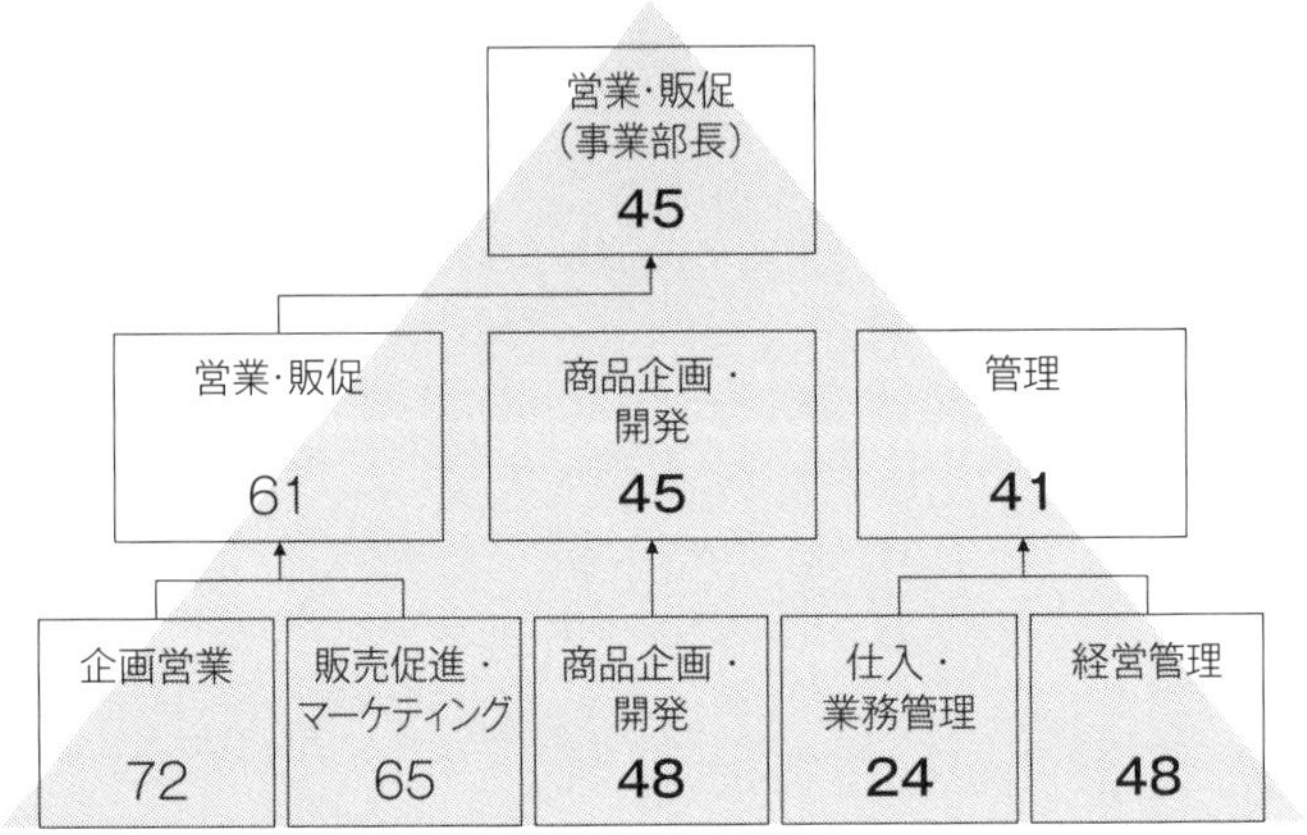

ちパターンを考慮した人財要件モデルを設計することも可能としている。

自社基準アセスメントの使い方

では次に、自社基準アセスメントの使い方として図8をご覧いただきたい。これは、レイル社が、クライアント企業の組織図に基づき、組織分野ごとの人財要件モデルをそれぞれ設計し、1人の被検者における全ての組織分野に対する「活躍可能性」を一気に判定している事例である。

組織分野ごとに示されている数値は、被検者の「活躍可能性」である。この被検者の場合、営業系での活躍が期待できるが、その後、事業部長にまで成長できるかどうかについては、不適合要素がいくつかあるということ、仕入・業務管理に配属するとフィットせず、離職する可能性が高まるということが読み取れる。

多くの企業が、特性アセスメントにジレンマを感じておられる原因は、このように自社における活躍可能性が可視化されないからである。

戦略人事がHRプロファイリングを実現するためには、自社基準型のアセスメントを用いなければ目的を果たせない。そして、特性アセスメントのグローバルトレンドも自社基準型にシフトしつつあるものと、レイル社の研究チームは考えているのである。

しかし、自社基準が設計できるアセスメントであれば何でもよいかというとそうでもない。いくつかの注意点があるので、以下に整理しよう。

本当の意味で「使える」特性アセスメントの要件

①回答操作性を除去して「ヒューマンコア」を測定できること（必須）

特性アセスメントは、単一の正解がなく、測定が比較的難しいとされている。それに加えて、企業における採用選考として用いられる場合には、恣意性（意図的な回答操作性）が働きやすく、正しい測定はさらに困難になる。

採用選考に用いられる特性アセスメントのなかには、この課題に十分に応えることができていないものが多い。そしてこれは、これまで説明してきた自社基準型、他社標準型に共通する問題点でもあるのだ。

◇一度落ち込むとなかなか回復しないほうだ

◇対人関係が億劫に感じることがある

このような質問に対して、応募者が「はい」と回答することは考えられない。質問に「社会的望ましさ（Social Desirability）」の概念、つまり、社会的に望ましい回答の方向が見え隠れしているからである。

企業において、「一度落ち込んだ時、なかなか回復しない人は採用したくないだろう」「対人関係が億劫に感じる人は採用したくないだろう」ということを、たいていの応募者であれば容易に察知するからだ。その結果、これらの質問に対して、実際に一度落ち込むとなかなか回復しない自覚がある応募者や、実は対人関係を億劫に感じる学生生活を過ごした応募者であっても、「いいえ」と答える。つまり、自己認識と異なる回答を行うということだ。

採用選考に特性アセスメントを用いる場合、被検者である応募者が、多数いる他の応募者との競争に勝ち、その企業に入社したいと考えた上で受検しているため、特性アセスメントの回答につき、自分のありのままの姿だけでなく、その企業にとってのあるべき姿を想定しながら回答してしまう。「検査」が社会で用いられる他の場面（例えば精神医療現場などの性格的特性検査が用いられる場面）とは大きく異なる制約条件があるのだ。

Social Desirabilityは、社会的に望ましいと思われる回答をする反応傾向のことと定義され、テスト理論における反応歪曲（response set）の現象のひとつに整理される。

テスト理論では、この反応歪曲をいかに抑制させるかが大きなテーマである。しかし、応募者の反応歪曲について、従来の特性アセスメントではほとんど有効な手立てが打たれてこなかったと言えるのだ。

「Social Desirability」対応例

最も基本的な対応は、特性アセスメントの質問1つひとつにおいて、社会的望ましさが見つけにくい言葉や用語を用いた対策を施すことである。この対策が疎かであると、質問への回答に、社会的に望ましい方向への偏りが見られてしまう。

今お使いの特性アセスメントがある場合、質問に対する回答の偏りを確認されるとよい。多くの質問において偏りが見られ、かつ、その偏る方向に社会的望ましさが見える場合には、「Social Desirability」対応が疎かである可能性があると判断してよい。

ただし、違う目的で敢えて偏りを作る場合もあるので、専門家に相談するなどの注意が必要である。

次に、出題方式で回答操作が行えないようにする方法がある。

いくつかの方法があるが、ここではレイル社が定める「等価法」を例として説明する。

等価法とは、「選択肢間の社会的望ましさの水準を等価とすること」で、回答操作が行えない、すなわち自分自身の望ましさを基準に選択するしかない選択肢を設定する質問方法である。

例えば、次のような質問と選択肢により構成される。

「あなたにとって最も重要なこととは何ですか」

◇1人でなく仲間と何かを進めること

◇自分の考えを通すより協調を優先すること

◇自分に課せられた役割を果たすこと

◇自分が分からなかったことを知り、知識として吸収・蓄積すること

◇落ち込んだりイライラしたりせず、安定した気持ちで他人や物事と向き合うこと

この等価法では、いずれの選択肢も一般的には必要と解釈される。この「いずれも一般的に必要」という設計が、社会的望ましさが等価であるということと同義になるのだ。

このような中から1つ選ぶとした場合、それは社会にとっての望ましさではなく、自分にとっての望ましさを基準に選定するしかないということである。

もちろん、被検者が回答操作を行い、回答傾向を一致させようとするという制約条件に対する完全な解にはならない。非常に記憶力の高い被検者が自身の回答傾向を記憶し、類似の趣旨を有する選択肢を選ぶことで、回答傾向を一貫させることも論理的には不可能ではない。しかし、そこで選択されている一貫性は、社会や企業にとって望ましい姿ではなく、あくまでも自身の価値基準によって望ましいと判断している点が、既存の出題方式と大きく異なる点なのだ。

最後に、回答操作性の除去ではないが、受検が終わった後に、回答操作を含む結果の信憑性を測定して注意を促す仕組みがある。「ライスケール」と呼ばれるもので、次のようなものがあり、例えば20％以下なら安全、50％以上なら危険などという判断をする。

a 「非一貫性」……「同じようなタイプの人と一緒にいることが多い」「いつも同じ

ような人たちと交流している」のような対の質問がいくつか出題され、それらの回答の方向が一定数以上一致していなければ、回答に一貫性がなく、アセスメントに真面目に取り組んでいない、不誠実に回答をした可能性があるという判断になる。

b「虚偽性」……「今までに嘘をついたことがない」等、普通に考えて完全には肯定できないような質問がいくつか出題され、一定数以上「はい」と回答すると、真の自分ではない、虚偽の自分を演じて回答しているという判断になる。

c「極端性」……五件法（「そう思う」「ややそう思う」「どちらともいえない」「あまりそう思わない」「そう思わない」）などの選択肢のなかで、両極ばかりを一定以上選択すると、過大評価傾向、もしくは過小評価傾向の可能性が考えられるという判断になる。

しかし、このライスケールは「後の祭り」であり、ここでテーマとしている「回答操作の除去」には繋がらないので注意が必要である。

「回答操作の除去（「Social Desirability」対応）」とは、特性アセスメントにおいて、被検者本来の特性を100％捉えることは、そもそも被検者が回答操作を行う動機付けがなされている環境下では難しいながらも、このようなアプローチを通して本来の特性の近似値をより精度高く捉えられるように工夫することであり、回答操作を最大限除去した数値を取得するということである。回答操作がなされたままの数値を取得して、後でアラートを出すというのでは、手遅れなのである。

「戦略人事」を名乗る人は、採用シーンに限らず、特性アセスメントについては「Social Desirability」対応が施されたものを選定しなければならない。

②見せかけの信頼性とα係数に注意せよ（必須）

特性アセスメントに限らず、「検査」においては信頼性（reliability）が必要とされる。信頼性とは測定値の安定性や一貫性のことを指すと、心理学やテスト理論において定義されており、同じ特性アセスメントをある程度の標本を有する組織に繰り返し実施し、1度目と2度目のアセスメント結果が安定していれば、その特性アセスメントには安定性があると言える。

また、特性アセスメントに含まれる類似の質問項目、例えば「一度落ち込むとなかなか回復しないほうだ」という質問と「気分のムラは少ないほうだ」という質問への回答が一貫していれば、その特性アセスメントは一貫性があると言える。この場合は「情緒安定性」という構成概念を測定していることになり、情緒安定性における回答の一貫性が高いと表現される。

テスト理論では、このように回答の一貫性があることを内的整合性が高いと表し、それをα（アルファ）という係数で算出する。αは最小（ｍｉｎ）0、最大（ｍａｘ）1の値域で、一般的には0・8以上が検査全般に求められている。

さて、考えてほしい。

前項で説明した通り、回答操作性に対する対応が疎かで、回答操作ができてしまう特性アセスメントの場合、意図的に回答操作が行われることで回答の一貫性が保たれる可能性が高い。そうすると、当然のことながらα係数は高くなる。ではこのα係数によって、真に当該アセスメントの内的整合性や信頼性が高いと言えるかどうかが問題なのだ。

ここで得られたα係数は、いわば見せかけのものであって、回答操作がなされた上で算出された数値である。本来は意図的な回答操作ができない特性アセスメントにおいて、結果として回答傾向が一致した場合にα係数が高く得られるべきなのだ。

したがって、回答操作性への対応ができていない特性アセスメントの場合、どれほどα係数が高い、または信頼性が高いという報告がなされていても、それは「見せかけ」でしかない可能性があることに注意が必要だ。

③「自社基準」の設計ができること（理想）

HRプロファイリングに用いる「特性アセスメント」には、「自社基準」の設計機能がビルトインされていることが理想である。

その理由は、

◇組織分野ごとに、求められる人財要件は異なる（職種）
◇同一組織分野でも、職位によって求められる人財要件は異なる（職位）
◇個々のヒューマンコアや勝ちパターンは異なる（多様）

の3点であり、さらにこれらは、企業によっても見事に異なるためであった。

では、「活躍可能性」を判定するために用いる自社基準は、どのように設計すべきなのだろうか。

例えば、企業が、有望人財の離脱を防ぐための「リテンション戦略」を検討する際には、最初に「誰が自社における有望人財なのか」を明確にする。離脱を防ぐべき有望人財が誰なのかが解らなければ、離脱防止の戦略は立てられないからである。

この際に、多くのコンサルタントが用いるのが、「業績」と「バリュー」の2軸である。そしてこれは、アメリカのゼネラル・エレクトリック（GE）社が、人事評価制度「9ブロック」で導入した2軸とも同じ考え方である。

業績についてはは説明するまでもないが、バリューとは「考え方・価値観」のことであり、業績をどんなにあげられる人財であっても、考え方や価値観が、「我が社が大切にしている考え方や価値観」と違っているのであれば、求めている優秀人財ではないと判断するのである。

企業には、目指すビジョンがあり、そこに至るベクトルがある。そしてベクトル線上には、日々大切にしていく根幹の考え方や価値観（バリュー）がある。多様な視点や能力を有する多様な人財が集まり、多様な能力を結集していくことが企業の成長には欠かせない。しかし個々の根幹の考え方や価値観が、組織が大切にしたいと考えているバリューと違っていれば、組織は遠心分離機のように崩壊していく。組織経営には、「考え方でひとつになろう」という「理念実践型」経営スタイルを重視する企業が圧倒的に多いのだ。

さて、もうお分かりの通り、自社基準には、次の2軸を設計すべきである。

◇組織の考え方・価値観（バリュー）にフィットし、違和感なくやっていけるか（「組織風土」適合性）

◇組織において優秀となる（業績を出せる）要件をどれほど満たしているか（「職質」適合性）

図9は、その2軸を設計し、それぞれの軸で個々の適合性を測定してプロット表示した

図9：自社基準は2軸で設計

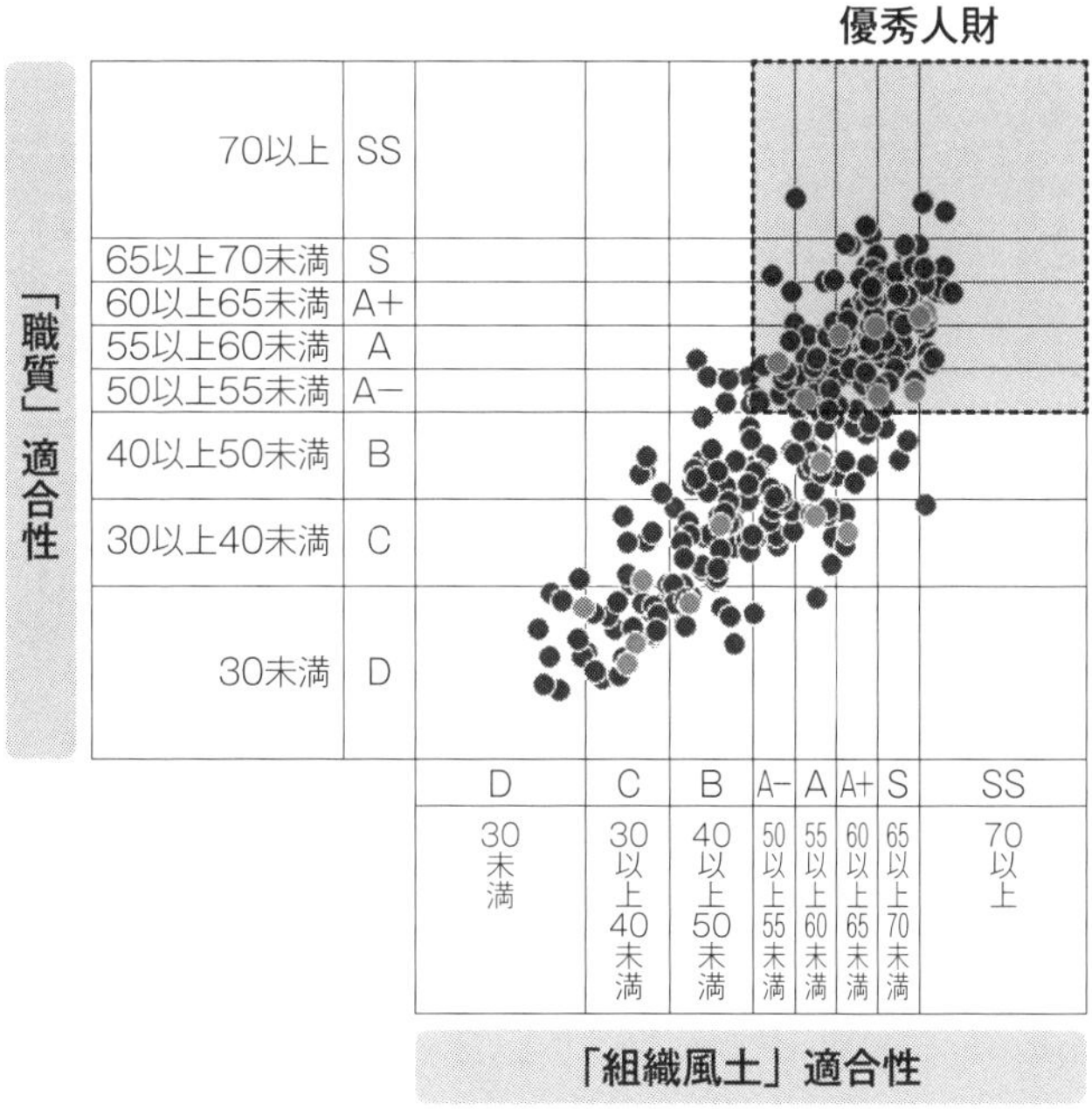

例である。社員がプロットされていて、右上が優秀人財ゾーンである。

注目すべきは、左上にプロットされる人財（図では存在しないが）、つまり業績はあげられるがバリューの合わない人財について、当時のＧＥ社は、「むしろ有害である」と宣言したことだ。賛否両論あるかもしれないが、私にはとても頷ける話である。

さて、このように自社基準を設計する機能が備わっている特性アセスメントツールが理想であるが、もし備わっていない場合には、手作業で自社基準を設計することになる。ただ、これは非常に高度な知見が必要となるため、専門家に依頼されることをお勧めする。また、自社基準が設計できれば、それで合格ということにはならない。最も重要な判断指標が、次に解説する「予測的妥当性」なのである。

④「予測的妥当性」が担保されること（必須）

これから解説する予測的妥当性は、「戦略人事」を名乗る人が、特性アセスメントを選択するにあたって最も重要な判断指標となるものなので、少し学術的な解説となってしまうことをご容赦願いたい。

特性アセスメントに限らず、「検査」においては妥当性（validity）が必要とされる。妥当性には様々な定義があるが、主な概念は次の２つだ。

- 内容的妥当性
- 基準関連妥当性

内容的妥当性は、質問項目の、測定目的への一致性を検証する。

例えば、知的好奇心という構成概念を測定したいと考えた場合、「分からないことがあると自分で調べる」「調べ始めたことはとことん探求する」など、専門家から見て知的好奇心を測定するのに適切な内容の質問項目であれば、内容的妥当性は高いと判断することになる。

一方で、「興味を持ったことは始めてみる」という質問項目がそれらに含まれていた場合、それは好奇心について触れてはいるものの、始めてみるという文言から、好奇心だけでなく、行動力という構成概念を測定している可能性があることになる。また、好奇心と知的好奇心は厳密には異なる構成概念であるため、上記の質問が含まれていた場合には、知的好奇心を測定する上での内容的妥当性は乏しいという評価になる場合もあるのだ。

一方、基準関連妥当性は、特性アセスメントで測定された値と、その利用目的を指し示す外的変数との間の関係性を検証するもので、予測的妥当性、併存的妥当性、構成概念妥当性などの概念がある。端的に言えば、利用目的に適っているかどうかの概念である。

例えば、特性アセスメントを採用選考や次世代幹部候補発掘に用いる場合には、入社後あるいは発掘後の活躍度合いを予測するために、入社前あるいは発掘前に測定される。そのため利用目的を指し示す「外的変数」は入社後あるいは発掘後の業績評価などが該当し、それとの関係性を算出して検討することになる。この場合、特性アセスメントで測定された値が将来をどの程度予測するかという観点からの妥当性概念であることから、これを「予測的妥当性」という。

「戦略人事」を名乗る人が、特性アセスメントを選定する場合、最も考慮すべき妥当性は、この予測的妥当性である。何故ならば、将来の活躍可能性を、完全ではないにしてもある程度の確率で見極めることを主な目的として、採用選考や次世代幹部候補発掘などの際に特性アセスメントを実施していることから、予測的妥当性が担保されない特性アセスメントで合否を決定する、あるいは合否の参考情報とするという行為は、多額の費用をかけて、目的と逆行する特性アセスメントを実施していることになるからである。

しかし、我が国においては、残念ながら特性アセスメントの結果と、その後のパフォーマンスについて、その関係性を検証する企業は少ない。本来は、他社でなく自社にとって必要な人財のヒューマンコアとは何か、それを予測的妥当性の検証のもとに把握し、そのヒューマンコアへの適合性を採用選考時や次世代幹部候補発掘の際の特性アセスメントで判定すべきなのだが、現在は予測的妥当性が検証されないままに、毎年度、使い慣れた特性アセスメントを使用している企業が多いと言えるのだ。これが「特性アセスメントに対するジレンマ」の正体なのである。

⑤「予測的妥当性」の検証方法（参考）

さて、予測的妥当性の最もシンプルな検証方法は、図10の通り、2つの変数から相関係数を求めるという手順である。

「変数1」が、「特性アセスメント自体が測定する、被検者の将来の活躍可能性の予測値」であり、これを得るために「自社基準による人財要件モデル」が必要なのである。

「変数2」は、当該被検者が実際にどれほど活躍したかを示す業績評価などであり、特性アセスメント導入後、数年が経過してからの評価値を用いて検証を行うのが本筋である。

しかし導入時点においては、導入時点における精度確認が必要であるため、その時点における社員の活躍度合いを変数2として用いて相関係数を求めるのだ。これは、社員個々のヒューマンコアは容易に変容しないのであるから、導入時点でのヒューマンコアの測定値が、数年前でも大差はないという前提に立つ。もちろん、数年後に再度、本筋の妥当性検証を行う必要があることは言うまでもない。

さて次に、導入前の検証であろうが、導入後の検証であろうが、いずれの場合も変数2の活躍度合いをどのように算出するかに注意が必

図10：「予測的妥当性」検証

- 変数1＝社員個々の活躍可能性予測値
- 変数2＝社員個々の活躍度合い

2つの変数を用意し、Excelの「相関係数」を求める関数などを用いて算出する

要である。ポイントは、人財要件モデルを設計した際に、どのような人物が優秀であると定義して設計したのかである。

例えば人財要件モデルは、売上を上げられる営業職というモデルであったにもかかわらず、社内の業績評価には部下育成もできなければならないという評価軸が盛り込まれていた場合には、矛盾が生じてしまう。つまり、売上評価が5段階で、部下育成評価が5段階であって、2つの平均値が業績評価になるといったような場合だ。この業績評価を用いると、目的と異なる評価値で相関係数を求めることになってしまう。したがって、売上を上げられる営業職を判定するための人財要件モデルであるならば、売上評価だけを評価値として用いて検証すべきである。そうではなく、部下育成もできるオールマイティー型の人財要件モデルであったならば、そのような総合評価を用いればよいのである。

さらに、「売上評価」に違和感を覚える場合には、多少、定性的な評価を交えてもよい。どういうことかと言えば、例えばA君は1億の売上で、B君は2億の売上であった場合、一般的にはB君の方が評価は高くなる。しかしB君は、たまたま先輩から引き継いで担当している永年のクライアントからの受注規模が大きいことが影響しているのであって、実はA君とB君の実力は同等であると感じる場合などだ。

このような場合に、その「売上評価」をそのまま用いて相関係数を求めてよいのかどうかである。社内の評価は、そのルールに従って行えばよいのだが、今、相関係数を正しく求めたいのであるから、このような場合には、「たまたま」を排除して、本来の「職務遂行能力」に近づけた評価値に修正すべきである。つまり、定性的な手加減を評価値に加えてもよいのである。この判断には注意が必要ではあるが、社内にある「評価」をそのまま用いればよいというものではないことをご理解いただきたい。

予測的妥当性の検証において、変数2となる評価値はとても大切であるので、安易な妥協はしない方がよい。

営業以外の職種においても同様の考え方で、人財要件モデルの意図と合致した評価値を変数2に用いるべきである。とかく社内の評価には様々な軸が混じっているので、ご注意願いたい。

⑥採用から次世代幹部抜擢まで同一基準で使えること（必須）

「採用に使う特性アセスメントは、採ってはいけない人財をはじく目的で、いわば一次選考的に使っている。まずどうしようもない人財は避けたいのだ」と言われる企業が多い。要するにネガティブチェックである。しかしもし、このネガティブチェックだけをしている場合、残念ながらたいへん間違った選考をしていると言える。将来の幹部候補を切り捨てている可能性だってないとは言えないのだ。

考えていただきたい。

一次選考を通過した人財は、全員活躍できるのか？

「活躍可能性」を見極めていないのだから不明なはずである。しかも、ネガティブチェックには引っかからなかったが、活躍可能性の低い人財を採用した場合には、「滞留人財」になる可能性だってあるということになる。

活躍可能性の低い人財は、高い人財と比して育成に膨大な時間がかかる。レイル社のアセスメントツール導入企業の方からよく耳にする話だが、「活躍可能性の高い人財と低い人財とでは、研修に招いた時の座り方がぜんぜん違う。高い人財はとても前向きに座っているが、低い人財は、やる気があるのかないのか解らないような姿勢で座っていることが多い」と言われる。

本来、採用選考に特性アセスメントを用いる目的は、入社前の時点で、「入社後に活躍する可能性」のある人財や、「将来、自社の幹部になれる可能性」のある人財を見極めることである。つまりポジティブチェックが目的なのである。

そのために設計される「自社基準」は、「入社後の社員によって予測的妥当性が検証された入社後の活躍基準」なのであるから、自社基準は、そもそも採用から次世代幹部抜擢までが同一基準で設計されており、一気通貫で活用するからこそ意味があるのである。

新卒採用の場合、そのまま勤めれば生涯賃金は2億円とも3億円ともいわれる、ある意味「高額な人財」を見極める非常に重要な局面だ。「活躍可能性」を見極められなければ、早期離職や、滞留人財を抱えて苦しむことになる可能性が高まるということに気付いていただきたいのである。

膨大な応募者から、まず「不適合者をスクリーニングしたい」という気持ちは解る。そのためにネガティブチェックの基準を作りたいというのであれば、本来は、自社における離職者分析や、非活躍人財のデータから、妥当性検証の基に「自社基準によるネガティブ要件」を定義し、それによって不適合者を見極めるという手順を踏むべきだ。

しかし、これでは活躍可能性がどれほどかは解らないことに注意が必要だ。ネガティブチェックだけでは最も大事な視点が1つ足りないのである。

そしてさらに、ネガティブチェックによる不適合者は、ポジティブチェックによる低適合者が多く該当する。つまりポジティブチェックは、完全にではないが、ネガティブチェックも代用できる点があると言えるのである。

さて、一気通貫で使える特性アセスメントを探すには、アセスメント自体が測定する「性格特性・動機の因子」の網羅性を確認しなければならない。新卒の採用選考のためだけに設計された特性アセスメントの場合、次世代幹部としての要件（例えばリーダーやマネジャーの要件など）を測定する性格特性・動機の因子が限定的である可能性があるので注意が必要だ。事前に、特性アセスメント自体の測定対象や想定されている用途などをきちんと確認する必要がある。

⑦「変幻自在のキャリア論」に適用できること（理想）

これまでは、伝統的なドナルド・E・スーパーの理論（段階的なライフキャリアを想定し、30代でこうなる、40代でこうなる、50代でこうなるなど）が主流だったが、昨今は、「プロティアン・キャリア理論」（変幻自在のキャリア）をはじめ、働き方のレールのない時代に突入しているとの考え方が、グローバルで主流になりつつある。

よって、求める人財要件は時々で変わることになる。

その時、固定的尺度に基づいて、注目すべき因子が○○点以上と閾値を設定して使う他社標準型のアセスメントでは対応できなくなるのだ。

タイミングを見て自在に自社基準の人財要件モデルを新規設計することや、既存モデルのチューニングができなければ、変幻自在のキャリア論に適用させることは難しい。

また、このようなメンテナンス性の高い特性アセスメントツールであれば、戦略人事として、年を追うごとに「求める人財要件」の輪郭を、よりクリアにチューニングしていくことができると言える。

⑧データを蓄積して活用できること（必須）

今や、特性アセスメントツールから「結果をアウトプットして終わり」という時代は終わり、「結果データを蓄積して、様々な分析をして活かす時代」である。アセスメントツール自体に分析機能がビルトインされているものもあれば、データをダウンロードして、タレントマネジメントシステムなどにインプットして分析するという使い方もある。Ｅｘｃｅｌなどで関数を用いて分析してもよい。

ポイントは、有用なデータが蓄積されているということであり、データが蓄積されているからこそ、例えば過去の「離職者」を分析し、これから「離職しそうな人」の予測をして事前にフォローしていくことなどに活用していけるのである。

ご注意いただきたい点は、データの蓄積ができていたとしても、この蓄積されたデータが、採用から次世代幹部抜擢まで同一基準で使えるものでなければ、このような多角的な「活用」には活かせないということである。

第2部　HRプロファイリングを活用する

第4章

HRプロファイリング事例

本章では、実際の事例を解説するため、レイル社のマルコポーロの事例となってしまうことをご容赦願いたい。

「うちにハイパフォーマーはいない」と言い切ったA社

「うちにハイパフォーマーはいない！」

人事部長からハッキリとこう言い切られると、不思議にスッキリするものだ。

実は、今までにも何度か同じことを言われたことがある。「今のハイパフォーマーが未来のハイパフォーマーとは違うだろう」というご意見とは全く異なる。「今、1人もハイパフォーマーはいない！　椅子に座っていれば部長になれる会社なんだ！」と言い切られるのである。笑ってはいけない。人事部長は真剣なのだ。

何故かとお聞きしていくと、他の数社も同じなのだが、「勝手に売上が上がっていく」

のだそうだ。親会社がどんどん新規案件を獲得していくなかで、そのメンテナンス案件が降りてくる会社や、日本人なら誰でも買わなければいけないものをほぼ独占的に売っている会社など、理由は様々である。

なんとも羨ましい話なのだが、これが「アグレッシブな人財が育たない悪因」らしい。人事部長は、「これから強い向かい風に直面する。今のままでは危ないのだ」と必死である。

勝手に売上が上がっていく会社であるから、鼻息荒く、野望をもって入社してきた若手社員は辞めていき、安全、安心を求める社員だけが大勢残る構図であるらしい。常識や前例に囚われない変革・革新は全く奨励されず、旧来用いられてきた方法を踏襲することだけが重視されているとも言われていた。

私は、「それでも売上が上がるなら問題はないのではないか。むしろその組織風土に変革人財を採用しても辞めていくだけになる」と申し上げたのだが、既に思いもよらない出来事が起こり、それによって急激に利益が圧迫されているのだと言う。新規事業を立ち上げる必要があり、そのためのリーダーと構成員両方の人財プールを作り、育成していくことが急務であるらしい。しかし部長以上を集めた会議の席上で「意見はないか」と問いかけても、誰からも意見はないらしい。昼休みに食堂を覗いてみると、まるで小春日和のピクニックのような笑顔で部長たちが昼食をとっているというのだ。

さて、人財要件モデルを分析・設計するには、いくつかの手法がある。自社にハイパフォーマーがいないというのは多くの中小企業も同じであるが、この場合、実在するハイパフォーマーのヒューマンコアデータから逆算して、実際にどのようなヒューマンコアの持ち主がハイパフォーマーとして活躍しているのか、それにはいくつのパターンが存在するのかなどを明らかにする「ハイパフォーマーモデル分析」という手法は使えない。

そこで「期待する人財像」について、質問に回答いただく手法（質問紙法）である「期待人財モデル分析」を用いることにした。

部長全員が、「次世代の新規事業に関わる人財要件モデル」を設計するに相応しい人財ではないとのことだったので、人事部長の上席である人事担当役員の判断で、人財要件モデルを設計するプロジェクトメンバー（以下「モデラー」という）として、役員も含めて7名を選んでいただきモデリングを開始した。

最初にすることは、どのような人財像を人財要件モデルとして設計するのかの定義作りである。どのようなミッションを担う人財なのかについてである。「あればいいよね」的に、こんな行動ができる人財、あんな行動もできる人財と、なんでも盛り込もうとすると失敗する。ドライバーとして求められる行動は何なのか、どのような価値観、考え方が根幹に必要なのかなどなどについて、エスコートしながら議論を深めていくのである。ここで気をつけるべきは、この段階で小さくまとめすぎてはいけないということ。大きなイメージを整理するまでである。

今回は、「新規事業を立ち上げて軌道に乗せるまでやり遂げられるコア人財」と整理された。

それから7名のモデラーには期待人財モデル分析用の質問に回答いただき、1人1つから3つ程度の人財要件モデルが設計された。1人で複数の人財要件モデルを設計するのは、異なる勝ちパターンのコア人財要件モデルを設計すべきだと考えるモデラーがおられるからだ。

そしてその後、相関分析などを行い、類似性の高いモデルを統合したところ、14のモデルが3つに統合できることが解った。

3つの人財要件モデルとは、

◇変革創造・自己突破リーダー型モデル
◇進行管理と人財メンテナンスに配慮できるマネジャー型モデル
◇変革創造的資質もありつつ慎重・綿密に整合性を重んじてリスクヘッジをする参謀型モデル

であった。ただし、どこの企業でもこの3つになるわけではない。あくまでこの企業だけのモデルであり、しかもモデルの構成数も中身の質も全く異なるのだ。

こうして私は、人財要件モデル検証会議で、人財要件モデルが当初14設計されたこと。それぞれに「味」はあったが、類似性を分析していくとそこから3つに統合されたこと。そして3つの人財要件モデルの特徴などを説明した。

集まっていただいたモデラーの方々、役員の方々は、自分たちの定性的な感覚が整理され、定量化された人財要件モデルになったこと、さらに、その3つのモデルの特徴に対して高い納得感を示してくれた。

続いて、精度の検証を行った。

モデリング作業中、同時並行で、既に属人的に選ばれていた「次世代の新規事業に関わる人財」候補200名ほどにも受検いただいていたので、その社員データを用いての検証である。ここでどよめきが起こった。

200名のうち100名強は、3つの人財要件モデルのいずれにも適合性が低かったのだ。属人的な選抜とは、この程度のものなのである。

「どうしてだ、彼は優秀なはずだ」という反応に対し、私がその彼のHRプロファイルを見て、「彼は従順で忠実に指示を守る人財です。でもそれだけであって、自ら変革創造的な行動は一切できません。今回の3つのモデルのいずれにも該当しません」と説明すると、誰ともなしに「解る！」と声が上がる。そう言われてみればそうだと納得できるのである。しかし属人的に選ぶ時点では「忠実な部下」が「優秀な部下」に見えてしまい、「次世代を切り開く新規事業メンバーとして相応しいのでは」と思ってしまうものなのである。

「では彼はどうか」

「彼は適合性61ですので候補者です。しかし高い適合性にならなかったのは、0から新規事業を築き上げていく十分な適性はあるものの、オーバースペックなのです。今回、いずれのモデルも、原野を走るトラではなく、動物園のトラを求めておられます。コンプライアンスをキッチリ順守し、ここまでは尖ってよいが、これ以上尖ってもらっては困るというモデルなのです。そのモデルに対しては、彼は尖りすぎていて、言うことを聞かなくなり、無謀に突っ走る危険があるのです」

また、「確かに！」と声があがる。

「うちの会社はベンチャー企業で突き抜けた活躍をするような人財ではうまくいかないんだ。上席との間のバランスをうまく取りながら、上手に落としどころに導いていけるような奴が優秀なんだ」

このように、実社員のデータを用いた精度検証会議を行うことで、より一層、求める人財像の輪郭がクリアになっていくのだ。そしてさらに、皆さんの人的な経験値によって、今、設計した人財要件モデルのままでよいのか、それとも未来のハイパフォーマー発掘のためにもう少しチューニングした方がよいのかというところまで議論は発展する。

このようにして、要望通りのチューニングを施して人財要件モデルを仕上げていくのだ。科学的分析に人的経験値を融合させるというわけである。

ここで注意してほしいのは、他社標準のアセスメントに備え付けられている一般的な管理職適性をアテにするのではなく、あくまでも自社の基準で設計し、それを使ってみて、その後、検証を繰り返していきながら自社基準に磨きをかけていくことが大切であるということ。この方が圧倒的に高い「予測的妥当性」が得られるからだ。

この後、A社では、受検する社員を増やして適合性を確認したところ、若手に候補者がたくさんいることが解った。人事部長さんは「うちにもハイパフォーマーの候補者がいるんだ」と大喜びである。ただし、ヒューマンコアは、ベースとしてなかなか変容しづらいものではあるが、永年の習慣化がなされた場合には緩やかに変容していく可能性もあるのだ。つまり、「忠実に言われたことだけをミスなくしていればいいんだ」という指導を上司がし続ければ、若手有望人財たちのヒューマンコアは緩やかに萎んでいくか、あるいは我慢できずに退職していってしまう危険性があるのだ。

人事部長は、有望人財の「早期」発掘と育成が如何に大切であるか理解された様子で、「これから何をすべきか見えてきましたよ」と喜んでおられたのである。

採用すべき人財を間違えていたB社

「プロマネ候補者が年々減り続けているじゃないか」と役員に檄を飛ばされた人事部長からのお問い合わせである。

図11：B社組織構成

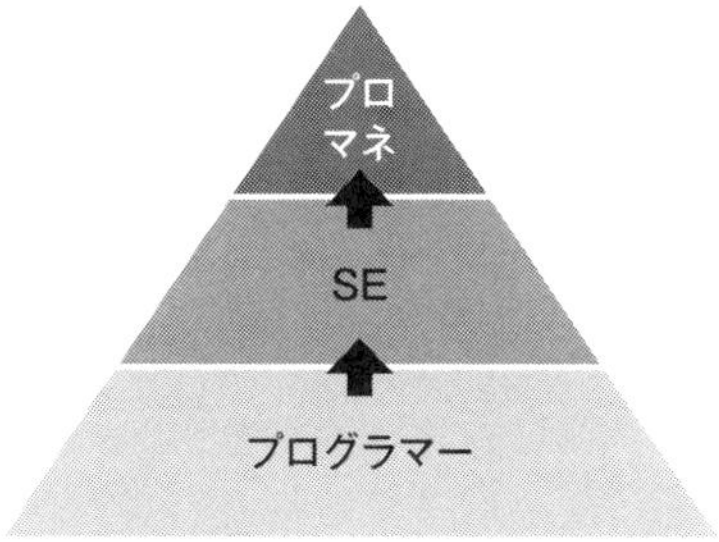

B社はエスアイアー（SIer）であり、相談は採用時の厳選の精度を高めたいとのことであった。お話を伺うと、情報系の学部を中心として、毎年、プログラマーの新卒採用を行っている。そして、図11のように、優秀なプログラマーからSEへ、さらに優秀なSEからプロマネへと、毎年昇格をさせていたのだが、ここ数年、それがうまく行かなくなってきたというのだ。

SE候補者とプロマネ候補者が年々減り続け、特にプロマネ候補者は皆無に近い。採用改革をしなければならないとの相談である。

私は、当の人事部長が、原因が「採用」にあると見抜いておられることに嬉しい思いがした。と言うのは、多くの企業ではこういう場合、育成に問題があると考え、育成にお金をかけていく。しかし、ヒューマンコアが適合していない人財の場合、育成にはかなりの期間がかかってしまうのだ。また、ヒューマンコアの適合性を見極めて選抜してからの育成なら効果は期待できるのだが、それをしないまま研修に参加させている場合では、育成はうまくいかないケースが多いのである。

さてB社のお話では、プログラマーは開発言語を使いこなしてコーディングからプログラミングをする仕事であり、テクニカルスキルのウェイトが大きい。SEは、客先に訪問して、お客様と打ち合わせをして基本設計をする仕事だそうだ。大きな売上を上げられるSEは1割で、彼・彼女らは、お客様の意図を組んで、お客様の言葉にはなかった「未来」を創造した基本設計の提案ができるらしい。しかしその他の9割のSEは、お客様の言われた通りに基本設計をするに留まるらしい。そしてプロマネは、優秀な1割のSEに営業的要素が加わり、対立を解消したり、チームとしての力を最大化したりできる人財であるらしい。

私は、ヒューマンスキルよりも、テクニカルスキルのウェイトが高いプログラマーのモデルは、予測的妥当性が高く出ない可能性があることを説明した。すると、「それはスキルテストをしていることと、技術レベルは面接でも解るので不要である。欲しいのは、優秀なSEになれる人財かどうか、さらに優秀なプロマネになれる人財かどうかを見極められる人財要件モデルである」と即答である。

こうして人財要件モデルは、優秀なSEと優秀なプロマネに対して設計することになった。現在、ハイパフォーマーがおられるとのことなので、1000名ほどの社員に受検いただき、ハイパフォーマーモデル分析と、質問紙法による期待人財モデル分析の両方を実施した。複数のモデラーによるモデリングを行い、相関分析などによって類似モデルを統合し、社員データで検証してチューニングして仕上げる手順は、A社と同じである。

検証会議では、部門長、役員も参加のもと、受検済の1000名について、部門単位での活躍度合いをプロット表示してご確認いただいた。一部、「ポジティブ幻想（覚悟をしていないのにもかかわらず、自分はできるという幻想）」で適合性が高く出てしまうが実はそんなに優秀ではない人財も混じっていたが、8割以上の社員の活躍度合いを見事に言い当てていると大喜びである。全てのモデルの検証が終わると、「何故こんなことが解るのか」と質問攻めである。

そしてこの検証会議によって、役員も含めた社内オーソライズが図られ、いよいよ採用厳選に用いることになるのである。

しかし、この後問題が起こった。

一部の役員から、「いきなり特性アセスメントを受検させるのではなく、昨年と同じ方法で内定候補者を選抜し、それから受検させて確認すればよいじゃないか」と指示が出たのである。

活躍可能性を精度高く見極められる自社基準型の特性アセスメントの場合、応募者たちになるべく早い段階で受検いただくことにより、活躍可能性の高い応募者を早期発見し、早期離脱しないように手厚くフォローしていくという使われ方が一般的である。この点、他社標準型の特性アセスメントの場合は、性格特性を見る程度なので、最後に念のために受検させるという使われ方が多いのだ。

さて、採用担当責任者は有望人財の早期発見に用いたかったのだが、役員がそう言うのだから仕方がない。そして前年同様に情報系学部の大学生をメインとし、スキルテストと面接官による判断で内定候補者を選抜した。そして内定候補者たちに特性アセスメントを受検させたのだが、ことごとく活躍可能性が低いと出てしまった。慌てた採用担当者から電話があった。「おかしいです。担当役員もどうなっているんだとお怒りです」とのこと。

私は「検証会議で社員の8割以上が的中していたのだから、そんな結果になるわけがない」と説明しつつ、数日内にご訪問するので、該当者の受検結果データを用意しておいてほしいとお願いした。

翌日、今度は採用担当責任者から電話があった。「社内でよく調べた結果、原因が解りました」と言う。その原因とは、SEとプロマネの活躍人財要件モデルを作って、検証会議で社内の優秀人財が的中していたことは事実。しかしその優秀人財をよく調べてみたら、大半が文系出身だったのだそうだ。

つまりB社はエスアイアーなので、当たり前のように情報系学部出身の大学生をメインとした採用をしていたのだが、彼・彼女らはプログラマーとしては優秀に活躍できるのかもしれないが、求めていた優秀なSE、優秀なプロマネになれる活躍可能性を持つ人財は、むしろ文系出身者に多かったということなのだ。

誤解のないように補足したいのだが、これはB社特有の現象であり、どの企業でも同じであるということではない。企業ごとに応募者の傾向も、求める人財要件も全く異なるのである。

この翌年からB社は、採用戦略を改革した。文系の枠を増やしたことは言うまでもない。応募者には、最初の段階で特性アセスメントを全員受検させるようになった。スキルテストの結果だけでなく、ヒューマンコアからの活躍可能性も重視されるようになった。

さらに100名近くいる面接官1人ひとりが、選考ステップで判断している合格、不合格、保留のフラグについても、特性アセスメントが判定する活躍可能性との相関分析を行った。面接官の見極めスキルを育成するとともに、どうしても自分と似た人をよしとするバイアスが抜けきらない面接官は外すようにするという方針らしい。

今やB社は完璧に科学しておられる。その後も毎年、採用選考データの振り返り分析の依頼があり、弊社の分析結果を基に次期採用戦略の立案に役立てられているのである。まさに「戦略人事の鏡」である。

「経営幹部候補の抜擢」に限界を感じていたC社

C社は金融系の企業である。相談内容は、「経営幹部候補」の抜擢に漏れや偏りがあるのではないかという不安があり、長年やってきた「属人的な抜擢（評価、多面評価、推薦等）」に限界を感じているとのことである。担当役員の話では、C社の業界はこの先、他業界からの参入が加速し、劇的な再編が予想されている。国内におけるこの業界再編をリードし、海外事業のテコ入れや様々な新規事業を立ち上げていかなければならない。このような背景のもと、次世代を切り開いてくリーダーの発掘と育成が急務であるらしい。

C社において、次世代リーダーとして期待されているのは「部長」である。社員として入社し、現場から叩き上げで成長してきた有望人財たちだからだ。ただ、これまでの部長は、現業の進行管理をするマネジャーでよかったのだが、今求めているのは、アントレプレナーシップのある、強いリーダーとして次世代を切り開いていく部長であるというのである。

これまでC社では、毎年、部長候補の人財を20名程度、属人的に選抜し、1年間の修羅場体験をさせ、そのなかから抜擢していこうとしてきたのだが、年々、次世代リーダーとして頭角を現す人財が減ってきているという。選抜の仕方が属人的であるために、他に選抜すべき有望人財を見落としていたり、偏りが出てきたりしているのではないかというご心配である。

私は、次世代リーダーの選抜にHRプロファイリングの手法を用いることで、C社における候補者を発掘することは可能であることを説明しつつ、しかし、「もし真の候補者自体が年々減ってきているのであれば、それは採用で失敗していることになる。採用時の厳選を疎かにしたままでは、いくら目の前の『抜擢』の精度を向上させても尻つぼみになることが心配である」と申し上げた。

実は、担当役員には、そんなことはもちろんお見通しであった。「まず実社員の中で妥当性を検証して、間違いなくその手法は使えると判断できれば、当然に採用にもその手法を使うべきだ」。そう考えていると言われたのである。この担当役員には、ありきたりなコンサルタントなど不要。経営陣として、自ら見事に戦略人事をリードされていたのだ。この役員のリードの下、いよいよ次世代リーダーたる部長の人財要件モデルの設計が始まった。役員全員が人財要件モデリングに参加することになり、キックオフ会議、人財要件モデリング説明会などを経て、人財要件モデル検討会議を数回行った。

組織図には様々な職務が細かくマッピングされているのだが、大きく割ると4つの組織分野があり、この4分野に分割して人財要件モデル分析を行うのがよいという仮説が立てられた。4分野にはそれぞれ未来を切り開いていくハイパフォーマーがおられることも、それぞれの人財像も確認された。

次世代リーダーたる部長の人財要件モデルの設計であるため、社員等級におけるミドルレベルから上の社員全員に受検をお願いし、役員には人財要件モデルの設計に取り掛かっていただいた。

ハイパフォーマーモデル分析では、役員それぞれが、兼任も含め、担当している組織分野について、ハイパフォーマー、ローパフォーマーを指定、逆算分析をしていくのである。その結果、全15モデルが設計でき、相関分析などによって類似モデルを統合した結果、8つのハイパフォーマーモデルが完成した。この後、社員データで検証し、未来に向けたチューニングを施して仕上げる手順はA社と同じである。そして、4組織分野に実在する優秀なハイパフォーマーのタイプには8つあることが確認されたのだが、最終的に、そのうち1つはこれから求める人財ではないと判断され、7つのハイパフォーマーモデル構成を活用していくことが決定された。

また、質問紙法による期待人財モデル分析では、求める人財要件がちょうど4組織分野に1つずつの4つに整理統合された。質問紙法では、仕事の要素は何か、仕事の進め方はどうか、求められている組織の考え方・価値観（バリュー）は何かなどの質問に回答してもらう方式であるため、求める人財要件にはまとまりが出やすいのである。

一方、ハイパフォーマーモデル分析は、実際に誰が優秀なのか、自社の考え方・価値観（バリュー）からなる組織風土のなかで、何故、彼・彼女は優秀であるのかを突き詰めて逆算的に分析していく。そのため、容易には想像できないような、自社特有のハイパフォーマーの原因が発見されたりするのである。第1に「期待人財モデル」に対する「職務適性」はどれほどあるのか、第2に「実在するハイパフォーマーの特徴」にどれほど近しいのかという、職務適性とハイパフォーマーへの適合性の2方向からの見方を組み合わせて判断していくことが、次世代リーダー候補発掘の場面での判断ミスを防ぐために重要なのである。

採用厳選に用いる場合は、4つの期待人財モデルにより、まずどの組織分野における適合性が高い人財であるかの判断を行い、その上で、将来の部長候補としての要件が備わっているかをハイパフォーマーモデルで判断するという具合である。全ての採用者に将来の部長としての適合性を求める必要はないので、場面により重要視するモデルを使い分けていくことが大切になる。

このようにして、次世代の「経営幹部候補（C社の場合は次世代リーダー候補）」を発掘するための、しかも採用にも配置にも使える人財要件モデルが完成した。

この後すぐに担当役員は、一般の人事部員には、採用時の応募者データのみを閲覧できるように閲覧権限を設定した。特性アセスメントツールにログインして社員個々のポテンシャル詳細までを確認できるのは、役員と、ごく一部のHR担当社員だけとしたのだ。

多くの場合、人財要件モデルの検証の際に、社員の活躍可能性の予測値がここまで精度高く可視化されるのかとクライアントの方々は驚かれる。そのため、社員の活躍可能性予測データだけは、人事部員といえども限られた人員以外には見せないと判断する企業が多いのである。

なお、C社の場合、担当役員は科学的分析結果を用いる重要性については理解されており、属人的な人事からの脱却を目指している。しかし、だからといって科学だけを信じ、分析結果だけで人の配置や抜擢を判断しようとは考えていない。普段の行動を観察し、知識・スキル、経験、地頭力、本人の意向も見て、「浪花節」的な要素も含め、最終ジャッジは人的にすべきであるという考え方を持っている。それゆえに、一般レベルの人事部員のなかで「数値が独り歩きし始めるのはよくない」と判断された。本当に素晴らしい経営者である。

それから数年が経過しているが、採用厳選から配置、部長候補抜擢に至るあらゆる面で、HRプロファイルは有益情報として活用されている。

2年以内の早期離職40%だったD社

レイル社の講演に参加いただいた後、「詳しく話を聞きたい」とのことでD社を訪問した。相談内容は、「新卒採用後、2年以内のメンタル不調の発生率が5%、早期離職が40%を超えている」というものだった。

この数値を聞いて私は、「ははーん」と思った。採用時の厳選ができていない可能性が非常に高いのである。でなければ、本物のブラック企業かのどちらかだ。

そこで私は、採用時の厳選をどのようにされているのかをヒアリングした。やはりよくあるエントリーシート（応募書類）や能力テストなどに基づく「一次選考」である。しかもその基準に科学的検証がなされていない。「自社における活躍可能性を見極める」という命題を叶えられる特性アセスメントを用いるべきなのに、お金と時間と労力をかけて、いったい何をしているのかと可哀そうになってしまう。しかも原因が採用にあることにぜんぜん気付いていないのである。

私は何故、自社における活躍可能性を見極めなければならないのかについて細かに説明した。

しかし人事部長は、そういうことよりも、「今すぐメンタル問題発生率と早期離職率を下げたい。なんとか抑止する方法ないのか」と必死である。

私は「もし採用時の厳選ができておらず、採ってはいけない人財を採用していたとすると、そういう人たちには離職してもらった方が双方にとってよいのではないか」と敢えて問いかけた。

人事部長は、「いや、離職率は一定水準以下に抑えないとブラック企業というレッテルを貼られる」と引き下がらない。根本解決よりも、なんとか目の前の問題を取り繕いたいという。

2時間近くこうしたやりとりが続いた後、私の提案したストーリーは、「3年以内に根本解決として採用時の厳選を強化することを検討していただけるのなら、今いる入社2年以内の社員の問題発生率を少しでも抑止する」である。

入口の採用で、どんどん自社にとっての不適合人財（他社では適合人財かもしれない）が入社してくるのであれば、受け皿側でいくら問題発生を抑止する改善を施してもキリがないからである。

以下では、採用厳選をどのように解決したかは他社の事例と同様なのでそちらに譲るとし、今すぐ入社2年以内の社員の問題（メンタル不調と早期離職）発生率を抑えるために何をしたかをお話ししていくことにする。

その前に、特性アセスメントには、「類型論」と「特性論」の2つのアプローチがあることを説明しておきたい。

類型論とは、人間の性格はいくつかのパターンに分類することができるという前提に立ち、個人がどのパターンに該当するかという観点から性格を論じようとする考え方だ。有名なものでは、クレッチマー（Kretschmer, Ernst）の体型による分類、ユング（Jung, Carl Gustav）の心的エネルギーの向きによる分類、メリル（David Merrill）のソーシャルスタイル（コミュニケーションスタイル）による分類などがある。

特性論とは、性格特性は複数の特性項目の組み合わせによって構成されているという前提に立ち、その各項目の強弱から性格特性を論じようとする考え方だ。オルポート

（Allport, Gordon Willard）の研究に始まり、そこに因子分析の手法を導入して客観的分析を行ったキャッテル（Cattell, Raymond Bernard）などによって確立されたアプローチで、アメリカを中心に研究がなされてきた。

類型論の場合、パターンのいずれかに当てはめて考えるため、その人の全体像はイメージしやすくなる反面、個人間の差は表しにくくなる。また、パターンに個々の性格特性が完全に一致するケースは少ないため、実際の個々の性格特性とのズレを感じてしまうことが多くある。

一方、特性論の場合は、細かく分けられた性格特性項目ごとの強弱を示すことで、個々の性格特性の度合いや他者との違いを詳しく表現することができるが、その人の全体像はつかみづらくなる。

HRプロファイリングでは、個々の職場における活躍可能性を高い精度で予測することを最上位目的とするため、個人の性格特性・動機を多面的に測定することができる特性論に立脚した分析をメインとして用いることになる。そして用途によって個々の外観が一目で解りやすいという利点のある類型論に立脚した分析も用いるのである。

さて、D社の場合、素早く実行できて即効性のある方法として「相性の合う先輩がメンターとなって新人を支えていく方式（本書では『相性マッチメンター方式』という）」が最適であると判断し、そのために、類型論のソーシャルスタイルを用いることを提案した。類型論は特性論と比して精度が落ちるのだが、人の概観を把握するには手っ取り早い。さらに類型論のなかでも「コミュニケーションスタイルによる分類」をしているソーシャルスタイルは誰にでも馴染みやすく、理解もされやすいのである。

本筋からいくと、エンゲージメントを組織的に高める必要があり、そのためには別途解説する「部下のトリセツ」などを用いた現場OJT力強化を柱とする育成体系の設計が必要である。しかしD社にはそんな時間はない。そこで相性を使うことにしたのである。

相性には、類似性と相補性の2軸がある。類似性とは、出身地が一緒、趣味が一緒、価値観が一緒など「親近感」を感じる度合いのことをいう。

入社したばかりの新卒新人は、期待と実態とのギャップを感じて離職したりメンタル不調を起こしたりするケースが多いのだが、同じ価値観の先輩がメンターとしてタッグを組んでくれていれば、相談しやすく、しかも相談した際に受けるアドバイスの価値観が近いので納得感も高いのである。

人と人は最初、類似性によって親近感が高まる方が一気に近づけて仲良くなる。営業チーム編成でも、同じ価値観の人同士の方が、最初の立ち上がりは早いケースが多いのだ。

相補性とは、相互の「補完関係」の度合いのことをいう。異なる価値観や視点による相

図12：ソーシャルスタイル

ドライバー（行動派）　**はっきりした主張を持ち、統率的**

- 強いリーダーシップ（自分で判断したい／相手に影響を与えたい）
- 目標達成への執念（行動力・判断力／情に流されない／リスクを恐れない）
- はっきりとした意見や主張（半ば強引／頑固／意見を取り入れない）
- 指示や質問を嫌う（相手にコントロールされたくない）

アナリティカル（思考派）　**細部にこだわり、整合性を大切にする**

- 緻密で正確（精度が高い／細かいことも疎かにしない）
- 整合性を大切にする（論理的に考える／その場しのぎを嫌う）
- 丁寧で誠実（いい加減なことを嫌う／憶測で進めない）
- こだわりが強い（頑な／融通が利かない／時間がかかる）

エクスプレッシブ（感覚派）　**前向きでみんなのムードを盛り上げる**

- 前向き、楽観的（ポジティブ思考／計画性は乏しいことも）
- 達成志向が強い（主体的に動く／成功を信じている）
- 面倒見がいい（仕切りが上手い／相手を気に掛ける／ケア、フォローの姿勢）
- 雰囲気に流される（相手の顔色を見る／情に流されやすい）

エミアブル（協調派）　**他人を優先し、主役より脇役を好む**

- 努力を惜しまない（人を支えていく／丁寧に進めていく）
- 役立ち志向が強い（感謝されることに喜びを感じる／サポートの気持ち）
- 否定が少ない（要望に応えようとする／主体的には動かない）
- 孤独を嫌う（依存しやすい／相手合わせになりがち／評価や顔色を気にする）

互の補完関係のことであり、例えば類似性だけを考慮し、相補性が考慮されなかった営業チームは、最後には失速していくことが多いのである。

さて、D社の場合は、まず類似性によって新人とメンターのマッチングをしたのである。

図12はソーシャルスタイルの解説であり、人のコミュニケーションのスタイルを4つに分けたものだ。これはあくまでコミュニケーションスタイ

ル、つまり接し方の類型であって、活躍可能性を示しているわけではないのだが、価値観が近くて親近感を感じやすい人は誰なのかを探すのにはとても便利で解りやすい。

手順は、最大で年齢差が8年程度（年齢差は小さい方が親しみやすいが、逆に大きい方が成長度合いが高く的確なアドバイスができる可能性がある）までの同じ職務線上の先輩のうち、一定の活躍をしている先輩のなかから、同じソーシャルスタイルの人をメンターとしてタッグを組ませ、先輩の方から新人に声がけを行い、悩みや相談を聞いてあげるのである。アナリティカルの新人にドライバーの先輩をあてがうとうまくいかないことが多い。ドライバーは細かいことを気にせず大局をつかもうとするが、アナリティカルは整合性を重んじて細かいことを気にするからだ。これは人の優劣ではない。そもそもの「スタイル」が違うのである。

会社のなかで感じた「嫌なこと」を、同じソーシャルスタイルの先輩も同じように感じていた可能性が高い。だから「僕にもそういう時があった。でもその時、こういう風に考えたんだ」と、的を射たアドバイスができる可能性が高いのである。また、直属の上司は1人なので、全ての新人とソーシャルスタイルを合わせることはできない。だから、個別に同じソーシャルスタイルの先輩をあてがうのである。

実はこれだけで、実行してからの半年間のD社の離職率とメンタル問題発生率は大幅に減少した。

もちろんこれは根本解決ではない。そもそも適合性が低くて活躍しづらい社員を残りやすくしたということだ。ヒューマンコアはそう簡単に変容するものではないので、いずれ滞留人財になってしまう可能性は消えていないのである。

補足すると、離職には、「上向き離職」と「下向き離職」がある。前者は、「この会社では物足りない、自分はもっと活躍したい」と、より高みを目指して離職していくケース。後者は、「逃避型離職」である。D社の場合、圧倒的に逃避型離職による問題発生が多かったために、逃避を抑える施策を提案したのである。

さて、D社には、新人に相性の合う先輩をメンターとしてマッチングさせる「相性マッチメンター方式」を、採用前の応募者にも応用することをお勧めした。それは、入社前の応募者に自社のことを説明するエスコーターもソーシャルスタイルを合わせるのである。双方が特性アセスメントを受検していればすぐにでき、これだけで、入社前の「期待」の勘違いが減る。そもそも自社の説明をするエスコーターが価値観の異なる人であった場合、勘違いが起きやすいのである。

そしてD社はその後すぐに、採用厳選にも活用した。人財要件モデルを設計して一定以上の活躍可能性のある人財を厳選して採用するようになったのだ。それからまだ1年しか経過していないが、この間のメンタル不調問題の発生は0であり、早期離職の相談も激減しているという。実はこれは当たり前であり、採用した人財が自社に適合しているからなのである。

「部下のトリセツ」で育成体系を改革したE社

E社は、清涼飲料メーカーで、製造・物流・販売を担う企業である。

相談は、人財の特徴やポテンシャルをアセスメントし、それを基に、個にフォーカスした研修と現場の育成体系を設計したいとのことである。これまでに「ある特性アセスメント」を実施したのだが、どうもフィットしないらしい。その特性アセスメントでは、多くの社員の主体性が低いと出た。だから主体性を高める研修をすべきであると提案されたのだが、主体性を高めるとどうなるのか、その目的はどこにあるのかが不明なのだという。

これはよくあるケースで、「業績を向上させるために」とか、「エンゲージメントを向上させるために」などの「目的」に対する妥当性検証がなされないまま提案されているケースである。研修などの「打ち手」を実施する前には妥当性検証を行い、業績向上にヒットするのかどうかを確認すべきなのだが、それがなされないまま「この数値を高めるための研修」という提案が行われる場合には注意が必要である。企業やその職場にとっては、もしかすると主体性は低いままの方がよいのかもしれないからだ。

E社の人財開発部長は、「まず特性アセスメントがどのようなものか試してみたい」ということなので、数名にトライアル受検をしていただき、そのフィードバック解説のために再訪した。

E社はこの時まだ人財要件モデルを設計していなかったので、活躍可能性は測定できなかった。単にヒューマンコアが可視化されるだけであることを説明した上で、受検された社員個々のHRプロファイルの解説を行ったところ、「当たってるぅ、凄い」という声があがりだした。回答操作を最大限除去して補正された測定値であり、Big5（人の性格は5つの要素の組み合わせで構成されるとする理論）をはじめとする世界的に研究の蓄積がある理論を踏まえた測定項目を用いているので、性格特性項目の数値が高い、低いだけではなく、そこからどのような行動をとる人財なのかがリアルに読み取れるからであろう。

説明に納得した人財開発部長は、「これは……、何に使うべきか……」と考え込んでしまわれた。HRプロファイリングがよいことは解った。しかし何から手を付けるかというわけである。しばらくして人財開発部長は、「個にフォーカスし、社員個々の働く意識を高め、管理職のマネジメント力を高め、次世代リーダーの発掘と育成もしたい。そして組

図13：実現したいこと

Step 1　ギャップを捉える

「部門長」が求める人財要件と、「管理職」個々の
①特性面でのギャップ
②行動傾向面でのギャップ

Step 2　「管理職」の人財タイプ分析

人財タイプ分類をし、人財タイプごとのギャップを整理する

Step 3　「管理職」候補者個々に適した、複数の育成プログラムを準備

①人財タイプ別の研修設計
②個別タレントシート設計による現場のOJT力強化

織全体のエンゲージメントを向上させたい」と言われたのだが、しかしその手順、他に既に走っている施策との整合性、社員の時間をとるタイミングなど、整理ができておられないご様子。社員は数千名規模だから、ごもっともである。

その後何度か合同会議を開いた結果、人財開発部長は、実現したいことを図13のように整理した。現在、有望な管理職候補として150名ほどが選抜されている。その候補者と現在の管理職全員を対象とした分析を行いたいということである。

STEP1では、優秀な管理職としての人財要件モデルを完成させ、その人財要件を明確にした上で、全管理職1200名における個々のギャップを可視化したいということだ。また、この分析結果を見て、他に実施しているエンゲージメントサーベイの結果との間にどのような関係性があるのかを見てみたいという。

エンゲージメントの高いチームとそうでないチームには、ヒューマンコアの視点から、どのような相関・因果関係があるのかを探ってみたいと言われるのだ。

非常に正しい視点を持つ、研究熱心な人財開発部長であった。というのも、エンゲージメントが高いか低いかは「現象」である。その現象が「何故」起こっているのかという原因を、ヒューマンコアのレベルから探り当てない限り「打ち手」は見えてこないのである。このことをご存じなのだ。

ＳＴＥＰ２では、管理職層にはどのような人財タイプが存在しているのかを分析する。そして今回、管理職候補として選抜された１５０名は、そのうち、どの人財タイプなのか、現在、活躍している管理職の誰と似た活躍をしそうなのかを可視化するのである。

さらに人財タイプ別のギャップも分析・整理し、ＳＴＥＰ３の最適研修を設計しやすくしておく。これは、全員同じ内容の研修とするのではなく、個にフォーカスし、候補者それぞれに適した研修を設計して実施したいからである。といっても、研修の個別対応は難しい。そこで人財タイプ別にグルーピングして研修を設計するための準備なのである。

さて、この人財タイプ分析には「クラスター分析」という手法を用いる。クラスター分析とは、ある集団から類似するもの同士を集めて房（クラスター）に分類する統計的手法である（本書では、クラスター分析の詳細手法についての説明は割愛するので、詳細は他の文献等を参照いただきたい)。ただし、この手の分析は、どの性格特性因子を対象として分析をかけるか、またその対象とする性格特性因子は回答操作が除去されているのか、因子間の独立性は担保されているのかなど、事前調査が重要であるので、専門家に任せた方がよいだろう。

STEP3では、「候補者個々に適した育成プログラム」として、「最適研修」と「OJT力強化策」の2つを設計する。研修は人財タイプ別の研修を設計し、OJT力強化策としては、「個々のタレントシート」、つまり部下のトリセツを設計し、現場で管理職の方々が、150名の候補者たちの育成に用いるのである。

壮大なプランができ上がり、いよいよ分析開始である。

STEP1では、候補者を含む管理職層1200名ほどに特性アセスメントを受検いただき、その上で人財要件モデル分析を行い、類似モデルの統合、精度検証と未来へ向けたチューニングを経て、自社基準による「管理職人財要件モデル」が完成した。

次に管理職人財要件モデルに対する、個々のヒューマンコアと行動傾向のギャップを分析した。E社は育成体系の設計が主たる目的なので、完成した管理職人財要件モデルが求める「重要行動」は何か、それに対する個々の「行動傾向ギャップ」は何かまでが可視化されている必要があるのだ。何故かと言うと、現場で人のヒューマンコア(性格特性・動

図14：人財タイプ分析

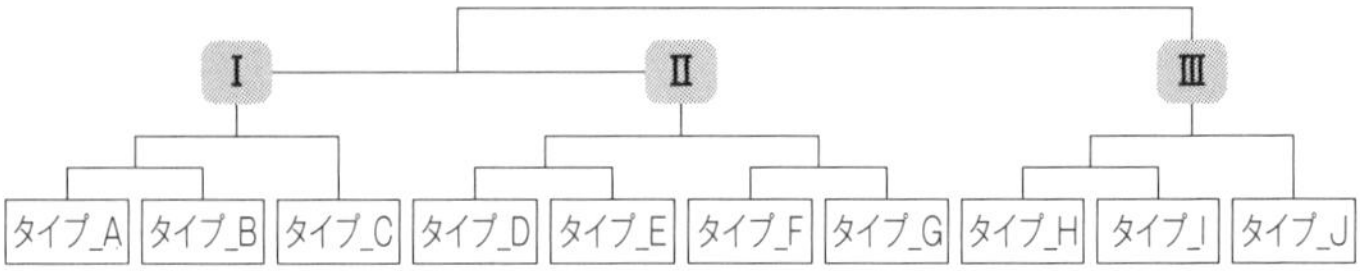

機）を云々しても始まらないからである。基本的にせっかちな人は一生せっかちなのであって、すぐには変われない。ストレス耐性の低い社員に「君は明日からストレス耐性を高めなさい」と指導しても無理な話であると同時に、相手に対して失礼である。「育成」を考える際、現場での共通言語としてゴールとすべきは「行動」であり、その行動に対する個々のギャップの可視化が必要なのである。

STEP2では、管理職全員に対する人財タイプ分析を行った結果、図14のように、大きくはⅠ、Ⅱ、Ⅲの3タイプ、小さくはAからJの10タイプに分類された。そして人財タイプごとの特徴や、管理職人財要件モデルに対するヒューマンコアや行動傾向のギャップも明らかになった。

実は、この人財タイプ構成も「自社基準」なのである。一般的な人財タイプ分類に自社社員を当てはめようとしてもしっくりこないものだ。自社の考え方・価値観のなかで、現在、実際に管理職として活躍する人たちの人財タイプ分類なのであるから、タイプAは○○部長と△△課長。タイプBは◎◎部長と□□部長なのかと、バイネームで人財タイプの特徴と活躍イメージが沸きやすいことが利点である。

STEP3では、STEP2までの全ての分析結果を基に、人財タイプ別の管理職研修メニューを設計した。管理職にはどのような行動が求められていて、人財タイプ別に何が充足されていないかが可視化されているので、研修設計は容易であり、かつ納得感が高い。そして実施効率を考え、大きく3つの人財タイプ別の研修メニューとして実施した。

さらに現場でのOJT力強化策としては、「行動の習慣化」を目指し、「個々のタレントシート」を設計してその活用方法について全国の管理職向け研修を行った。

社員の育成を成功させる秘訣は、研修だけで終わらせるのではなく、現場OJT力の強化も併せて行うことである。何故ならば、研修だけでは行動の習慣化が図れないため、その場限りとなってしまい、その後、求められる行動が継続されにくいからである。人は、現場で実際に「困難なアサインメント（実務）」を乗り越えながら学ぶのであり、その時初めて、行動の真の意味を理解し自分のものにしていくのだ。個々の部下に適した、乗り越えられる「試練」を与えられるのは現場の上司しかいない。そのために上司のための「部下のタレントシート（部下のトリセツ）」が必要なのである。

「部下のタレントシート」には次の4点が網羅されている。

1 性格特性・動機（ヒューマンコア）
目的：部下の「性格特性・動機」を理解し、尊重する

2 コミュニケーションスタイル（接し方：ソーシャルスタイル）
目的：自分と部下のコミュニケーションスタイルの違いを把握し、適切なコミュニケーションを図る

3 人財タイプ（適合順位、タイプ名、特徴）
目的：実在する管理職の人財タイプのなかにおける部下の適合タイプを把握し、成長イメージを理解・共有する

4 「管理職」に求められる行動
目的：「求められる行動」に対する部下の「行動傾向ギャップ」を把握し育成に繋げる

さて、現場OJTにおいて大切なことは、尊重すべき部下のヒューマンコアを理解し、適切な接し方を知り、成長イメージを共有しつつ、重要行動とギャップについて上司と部下が膝を交えて話し合うことである。この一体感がスカスカだと、うまくいかないものなのだ。

半年後、E社の人財開発部長からご連絡をいただいた。今回の取り組みについて、次のように語られている。

昨年の管理職を対象とした取り組みには定量的にも定性的にもある一定の手応えを得たと感じています。手応えというのは、受講者間でより多くの共感を生み出す空間を創ったことにより受講者にとって『響く』能力開発の機会を得たということです。

これまで多くの研修で用いてきた対象者の決め方は階層でした。一般職・課長・部長という職位の区切りで階層別に研修テーマを設けて、個々の特性とは関係なく集合し、研修を受講するという形式です。この形式で行う研修では、特にグループワークにおいて他者尊重とは異なる他者依存に近しい光景をよく目にします。階層別集合研修を全て否定するつもりもありませんし、今後も階層別研修を行っていきますが、「行動変容」を促すような研修においては、個々の特性を分析して構築する能力開発プログラムの方が、より個々に『響く』研修機会になるのではないかと考えています。

したがって、管理職層から次世代リーダーとして期待している若手の一般職層を対象としたリーダシッププログラムにおいては、その特性に応じた複数のプログラムを実施していきたいと考えています。

そしてこの後、E社では、管理職以外の一般社員も全員が受検し、全ての社員の「タレントシート」が生成された。当初、人財開発部長が目指していたのは、まさにこのような、個にフォーカスし、個を尊重した、それでいて業績にヒットする裏付けのある育成体系だったのである。そして「個を大切にする、個に適した育成プログラム」の運用が全社的に始まったのである。

我が社の「採用実態」はうまくいっているのか調べろ！　F社

「我が社の「採用実態」はうまくいっているのかいないのか。何処に問題があるのか、定量的に把握して打ち手を探れ！」

メーカー兼商社であるF社の社長からの檄を受けた人事部長からのご相談である。話を聞いてみると、採用の3ステップ（図15）において、

①欲しい人財を集められているのか、選考途中で離脱していないか
②活躍可能性を見極められているのか
③採用すべき人財を口説けているのか

について科学的検証をし、何処にどのような問題があるのか、どのような打ち手が有効かについてアドバイスをお願いしたいとのことである。当然、レイル社の特性アセスメントはこれについて有効なのかとの問いかけも含まれているが、社長が最も望んでいるのは「正しく採用の実態をつかみたい」ということであった。

また、「③口説く」についてF社では、「採用」は企業からすると「投資」なのだが、応募者からしても「投資」であると考えられている。そのため、自分の能力と時間をこの企業に投資した場合、どれほどのリターンが得られるのか、優秀な人財ほど、それについて定量的・論理的に説明を受けたいと考えている。「うちで合いそうだよね」などという定性的な説得を最も嫌うというのだ。まさにその通りである。この口説きの時に、定量的・論理的に、「あなたにとって我が社は投資価値が高い」ということを説明したいのだという。

私は、全て、「活躍可能性」が定量的・客観的に、しかも論理的裏付けも含めて可視化されれば解決する話であり、そのために自社基準による人財要件モデルの設計が必要であることを説明した。また、社長が「実現したいこと」とレイル社の「成果物」について齟齬がないか、現場で使えるレベルにまで落とし込めるものなのかどうかについ

図15：採用の3ステップ

① 集める
② 見極める
③ 口説く

図8：「自社基準」アセスによる「活躍可能性」測定（再掲）

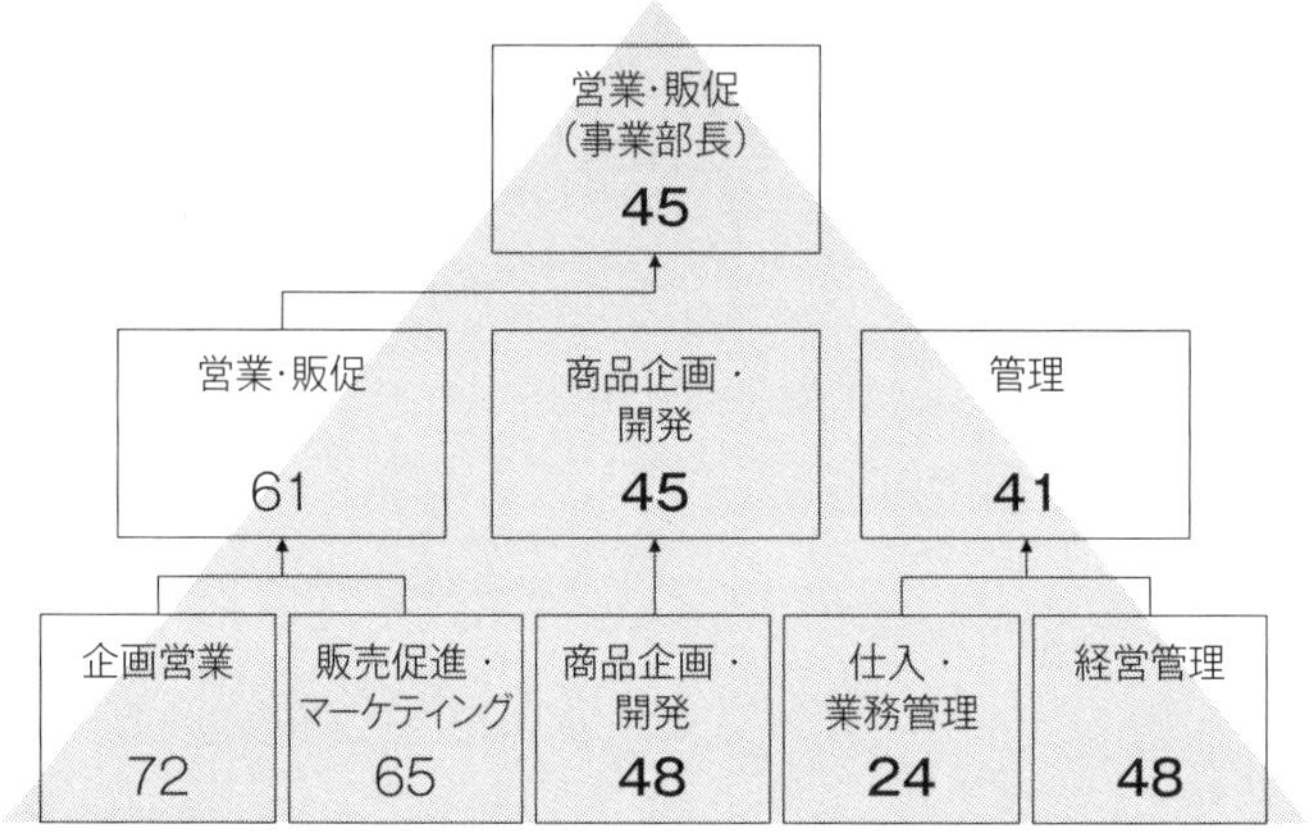

ても、細かに打ち合わせをさせていただいた。

そして分析開始である。

最初は「そもそも誰が優秀人財なのか」の分析である。リテンション戦略の初期分析と同様に、「優秀であり、辞められては困る人財」は誰なのか、そして何故、彼・彼女は優秀なのかの原因まで明確にしないと何も始まらないからである。

人事部長と組織図を見ながら、どのような人財要件モデル構成が現場で使いやすいのかも含めた検討を行い、図8（再掲）のモデル構成とすることが決定された。

そして、全社員が特性アセスメントを受検し、他の事例同様に、検証・チューニングを実施し、自社基準による納得感の高い人財要件モデルが完成した。

図8の各数値は、被検者の組織分野ごとの活躍可能性である。特性アセスメント受検後すぐに、その被検者が何処でどれほど活躍できる人財なのかが予測できるわけだ。図からは、営業系で活躍できることが読み取れる。しかしF社にとって、ここまでは準備である。本題は、ここからの採用選考の実態分析である。

その後、2年間の採用選考に用いられた「振り返り分析」の全体概要が図16である。それぞれ下のカッコ内の数値は1年目、上の数値は2年目である。

まずF社では、大手求人広告3社を使って応募者を募り、応募者全員を集めた説明会を全国で開催する（合同説明会、インターンなど、その他の経路はここでは割愛する）。説明会では採用担当者が、「今まで当社は学力系テストを実施してきましたが、入社後の活躍度合いとの間に関係性が見られないことから廃止し、それよりもご応募いただいた皆様にとって我が社は投資価値のある会社かどうか、応募者の皆様にとってご自分が輝ける可能性のある会社なのかどうかをアセスメントして、フィードバックしたいと思います」という趣旨の説明をするのである。

この説明会の後、すぐに特性アセスメントを実施する。それがポイントAで、1年目961名、2年目739名が受検している。それぞれ受検直後に活躍可能性が測定されて

三次選考			最終選考			内定受諾		
合格	87 (84)	43.1% (42.0%)	合格	61 (44)	70.1% (52.4%)	受諾	38 (32)	62.3% (72.7%)
						辞退	23 (12)	37.7% (27.3%)
			見送り	16 (22)	18.4% (26.2%)			
			辞退	9 (16)	10.3% (19.0%)			
			無断欠席	1 (2)	1.1% (2.4%)			
見送り	110 (89)	54.5% (44.5%)						
辞退	4 (24)	2.0% (12.0%)						
無断欠席	1 (3)	0.5% (1.5%)						

ポイント C

ポイント B

図16：採用選考の振り返り分析

<table>
<tr><th colspan="3">MARCO POLO受検</th><th colspan="3">一次選考</th><th colspan="3">二次選考</th></tr>
<tr><td rowspan="5">受検</td><td rowspan="5">ポイントA
739
(961)</td><td rowspan="5">100.0%</td><td rowspan="4">合格</td><td rowspan="4">457
(566)</td><td rowspan="4">61.8%
(59.0%)</td><td>合格</td><td>202
(200)</td><td>44.2%
(35.3%)</td></tr>
<tr><td>見送り</td><td>182
(208)</td><td>39.8%
(36.7%)</td></tr>
<tr><td>辞退</td><td>29
(103)</td><td>6.3%
(18.2%)</td></tr>
<tr><td>無断欠席</td><td>44
(56)</td><td>9.6%
(9.9%)</td></tr>
<tr><td>見送り</td><td>282
(394)</td><td>38.2%
(41.0%)</td><td></td><td></td><td></td></tr>
</table>

いるので、欲しい人財がどういう経路で、どれほど応募してきてくれているのかが可視化されることになる。

もちろんＦ社は、活躍可能性が多少低い人でも、本人の意思があれば採用して育成していく方針なのだが、企業としては、採用選考活動の、特に初期段階においては、マーケティング的思考が重要であると考えている。

さて、ポイントＢを見ると、１年目の二次選考における辞退者が１０３名出ていることが解る。１年目の「振り返り分析結果」報告会議では、出席メンバーの誰もが「毎年それくらいの辞退者は出ている」と、あまり気にしていない様子であった。

しかし私が、「実はこの１０３名は、これほど、極めて活躍可能性の高かった人たちです」と、現社員の活躍可能性プロットのなかにこの１０３名の活躍可能性をプロット表示していくと、誰もが絶句したのである。有望な人財がこんなにも早く離脱していたのだから、流石に社長もショックを隠せない様子だった。

Ｆ社の凄いところは、これを2年目には29名に減らしたことだ（レイル社は何もしていない）。

ポイントＡの時点で、応募者全ての組織分野ごとの活躍可能性が測定される。そして、社員による検証でその精度が十分であることも解っている。ならば、ポイントＢまでにできることは何かと検討し、有望人財の早期離脱を防ぐべく「手厚いフォロー」をしたそうである。単に辞退者を減らすのではなく、「有望人財の早期離脱」を防いだのである。

ポイントCでは、三次選考から最終選考に至る合格率が52％から70％に跳ね上がっていることが解る。そしてこの図にはないが、内定受託者の活躍可能性の平均値も上がっている。現在、この日から5年が経過しているが、事業部現場からも「配属されてくる人財の質が変わった」という声が多く聞かれているという。

何故だろうか。

有望人財の早期発見と手厚いフォローによる早期離脱防止という打ち手がとられたこと、そして活躍可能性を部門ごとに見極めながら選考するという手法を採り入れたこと、最後の口説きにも「あなたは当社のこの部門で活躍できる可能性が高いことが科学的検証によって明らかになった。理由はこうである。そして何処で躓きやすいのかも解ったので、あなたの上司にもこれを共有し、あなたが立派に成長できる育成プランを用意する」と、分析結果の一部を見せながら論理的な口説きができるようにしたことがその理由である。

「我が社の『採用実態』はうまくいっているのかいないのか。何処に問題があるのか、定量的に把握して打ち手を採れ！」と檄を飛ばした社長も、採用の実態が定量的につかめるようになったと喜んでいるのである。
人事部長は、次のように振り返っている。

> 「採用したい人財」と「採用すべき人財」がずれていたように思います。当社の人財要件モデルを明らかにしたことで、何故これまでの特性検査での高スコア者が、必ずしも入社後にフィットしなかったのか、その理由を深く考えるきっかけとなりました。
> 今後も成果を出せる人財とは何かを、暗黙知から形式知にすることで、恣意的な採用判断からの脱却を目指していきます。

F社からは毎年、採用選考データの振り返り分析の依頼をいただくのだが、分析結果データは、次年度の採用戦略立案へのヒントになるだけでなく、次年度採用戦略の「承認」を得る会議での、「強力な裏付け（武器）」になっているそうである。

「管理職アセスメント」を変えろ！　G社

「毎年こんなにも費用をかけて、この結果が得られるだけなのか！」

人事戦略会議での担当役員の檄である。G社は商社であり、実は既にレイル社のクライ

図17：スイッチすることの有用性・利便性

	今までの管理職アセスメント	MARCO POLOによるアセスメント
対象社員	1回あたり20～25名	全社員
社員の所要時間	対象社員のみで2日間	全社員対象／1人25分
データの鮮度	対象社員以外は年々古くなる	特性アセスメント再受検のたびに更新される

アントだったのだが、採用厳選にのみマルコポーロが使われていた。訪問し、早速、人事部長の話を聞いてみた。

毎年、25名ほどの次世代管理職候補をG社側で属人的に選抜し、とあるコンサルティング会社に依頼して丸2日間の「管理職アセスメント」を実施していた。交通費や研修会場費も含めると、毎回の費用は500万円近くかかっているという。2日間の管理職アセスメントには数名のアセッサーが来て、最後にアセッサーたちが人的に候補者たちの採点をし、その結果をExcelで納品してもらうというものらしい。そこにはいくつかの「一般的評価項目」が並んでおり、5段階評価が入力されていた。

現状を説明し終えた人事部長は、「これ、マルコポーロでできるよね？」と、既に算段を錬られていたようで、図17の通り、マルコポーロにスイッチすることに対する有用性、利便性を整理していた。

私はこういう人に弱いのである。論理的にお膳立てされると

「できない」とは言えないのだ。

ともかく、人事部長が既存の管理職アセスメントをスイッチすべきと判断した理由は、コストの問題以外に、本質的な疑念が３つあったという。

１つ目は、毎年25名を属人的に選出しているのだが、それ以外にも可能性のある人財がいるのではないかという不安である。所謂「発掘漏れ」と「偏り」の心配である。

２つ目は、毎年25名の管理職アセスメント結果が得られるのだが、その25名以外の結果は年々古くなるということである。

３つ目は、アセッサーの質である。毎年、数名が来るのだが、初対面の25名との２日間のワークで、本当に将来の次世代幹部としての活躍可能性を見極められているのかという疑念である。毎年納品されるＥｘｃｅｌの評価シートを見ると、25名の差がほとんどないことからも、ずっとそう感じていたらしい。評価項目への５段階評価と平均点と合計点、さらに合計点の25名における順位が示されているだけで、結論がないのだ。合計点の高い人が次世代幹部として最も適していると言えるのかどうかははっきりせず、しっくりこないのだという。

これは、「数値は高い方がよい病」にかかった業者の納品物として多いパターンである。一般的項目が並んでいて、数値の高さが比較できるだけのアウトプットなのだ。妥当性検証の基で設計された「自社基準の要件」に対する「適合性」の判定値ではないのだから、人事部長がしっくりこないのは当然なのだ。私の経験では、人的な管理職アセスメントを実施している企業では、何処も同じような疑念をお持ちである。

また、選ばれた25名も、アセッサーに気に入られるようにうまく演じようとするものだ。そのため、非常に高度な見極めスキルを有するアセッサーであればよいのだが、そうでない場合には、その評価情報は、一定の参考にはなるかもしれないが、決め手として過度に信じるのは危険なのである。

ともかく、こうして人事部長の考えた図17の通り、有用性、利便性は大幅に高まることは間違いない。この後、すぐに役員会における決定がなされた。

ただし、今回G社の事例を紹介しようと思ったのは、このように属人的な管理職アセスメントが科学的な特性アセスメントにスイッチされたからだけではない。この後、新たに追加された「次世代管理職」の人財要件モデルの使い方について紹介したかったからだ。

それまでG社では、営業系、開発系などと、組織分野別の人財要件モデルを設計していた。採用時点で、どの部門で活躍できそうか、その後ミドルレベルの管理職としても活躍できそうかを見極めることが主眼だったためである。しかし今回は、海外事業も含めた次世代幹部の人財要件モデルの設計であり、それは次期役員候補としての意味合いも含むのである。

ここで図18をご覧いただきたい。ハーバード大学のザレツニック（Zaleznik,1977）から始まったリーダーとマネジャーの役割の定義によれば、リーダーはそれまでにない新たな市場や製品、事業を産み出す人であり、マネジャーは既存の市場や製品、事業を守り、発展させる人であるとされている。

この2つの定義は一般基準であるが、どのように活用されるべきものかというと、彼・彼女はリーダータイプだ、彼・彼女はマネジャータイプだというように、「彼・彼女はどちらのタイプ？」という切り分けに使うものではない。これは間違った使い方である。

この2つは、どちらかが優劣するものではなく、また両者は必ずしも対立するものではなく相互補完的である。そのため、例えばリーダー適性41、マネジャー適性65と測定された被検者がいた場合、その被検者がどちらに重きがあるかを示しているのである。

ちなみに「強い企業」は、単に「次世代リーダー」という言葉を追いかけているのではない。どちらか一方が必要という解釈では失敗する。そうではなく、その時、どちらに重

図18：リーダーとマネジャーの役割

リーダー	新たな事業の創造を行う人
マネジャー	既存事業の管理を行う人

きを置くかの整理による抜擢をしているのだ。つまり、あるミッションに対してどちらが求められているかによって、その都度、基準を変えながら候補者を抜擢しているのである。

さて、図18の考え方の基礎が示されたのは１９７７年。この時代はリーダーとマネジャーの2つだけで対応できたのかもしれない。しかし、研究開発部門を持ち、グローバルな展開に力を入れようとしているG社にとっては、この2つだけでは足りない。私たちは、G社でも、「そのミッションに何が求められているかによって、その都度、基準を変えながら候補者を抜擢できる」ようにするために、「これからのミッション」の想定と整理に取り掛かった。ミッションが何かによって抜擢すべき人財は異なるからだ。

こうして私も同席する検討会議が３回開催された。そして次世代管理職として求めるべき人財像は、

◇チェンジリーダー

◇マネジメント

◇スペシャリスト

の大きく3つと整理され、それに基づき人財要件モデルの設計作業に入った。

G社では、「社内オーソライズ」される「管理職抜擢基準」を設計することが主たる目的であるため、モデラーは部長以上、役員まで全員参加による大規模なものとなった。衆

図19：G社　エグゼクティブ5ゲージ

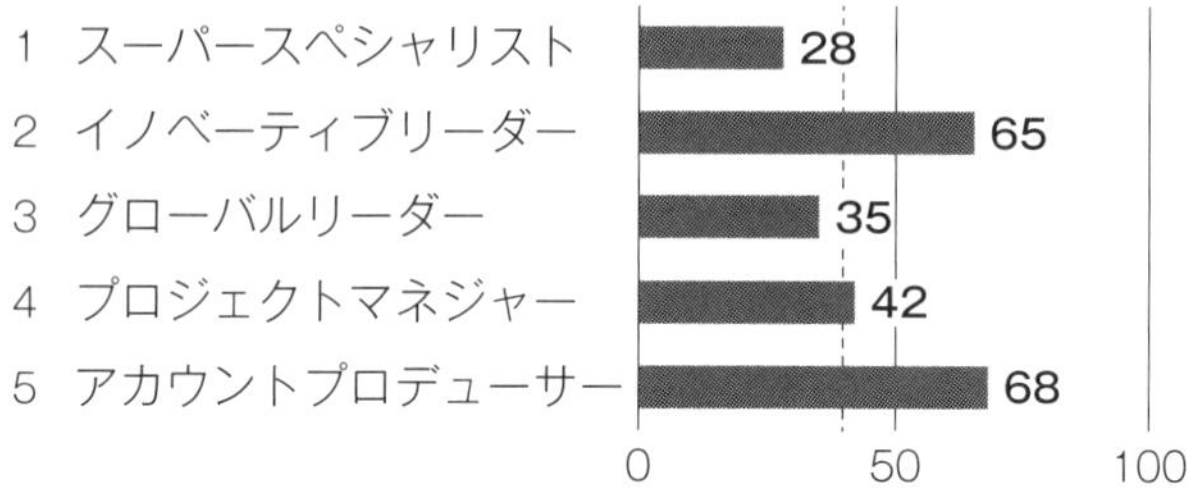

知を集めて分析するという方針だ。たいへん素晴らしい方針である。

そして人財要件モデル分析作業は順調に進んだ。検証・チューニングをしていく手順は他社と同様である。そして設計された人財要件モデルは、さらに相関分析などによって、類似モデルの統合を行っていった結果、最終的に次の5つの人財要件モデルが完成した（ここでは名称のみを示し、その内容・定義は割愛する）。

◇スーパースペシャリスト
◇イノベーティブリーダー
◇グローバルリーダー
◇プロジェクトマネジャー
◇アカウントプロデューサー

G社が次世代幹部に求める「考え方、価値観、成果を出すためのヒューマンコア要件」が5つに分解され、それぞれを基準として活用できるようになったのである。G社は、この

5つの基準を「G社エグゼクティブ5ゲージ」と名付けた。

この5ゲージは、単に平均点が高い方がよいという使い方ではない。リーダーやマネジャーへの適合性を、それぞれのミッションにどちらが求められているかによって、その都度、基準を変えながら使うと解説した通り、様々な状況変化と求められるミッション、ポジションに応じて、ベストな基準をチョイスし、あるいはウェイトを調整した総合評価を算出して、幹部候補の抜擢に役立てるという使い方である。

例えば図19は、ある被検者の5ゲージの測定値である。そして、次のア〜エは、現時点における幹部候補の抜擢先ポジションである。

ア　経営陣、関連会社社長・役員

イ　支店長・営業所長

ウ　新規事業責任者・新市場開拓責任者

エ　新商品開発責任者

このア〜エの各ポジションに対して、個々の5ゲージの測定値を適宜ウェイト調整して抜擢の参考情報として活用するわけである。いつ、どのようなミッションで、どのポジションに抜擢する必要が生じるかは解らないなかで、常に人財を全方位に育成しつつ、自在に候補者を科学的に発掘するインフラが整ったことになる。

檄を飛ばしていた役員は、全社員を対象に候補者の発掘ができるようになったこと、実際の抜擢の際には、自在に5ゲージ（自社基準）を活用した判断ができるようになったこと、そして運用コストが下がったことに大満足である。

そして人事部長は私に、「この後、ずっとこの5ゲージでよいかどうか解らないので、継続的に検証を手伝ってね」と念を押してくる。抜け目のない人事部長。やはり私は、こういう人に弱いのである。

「欲しい人財」は何処から応募してきているんだ？　H社

H社は誰もが知っている有名企業である。レイル社のクライアントであり、特性アセスメントは採用厳選にだけ活用されており、数年以内に配置や抜擢にも活用しようと計画されていた矢先のことだった。人事部長の話では、有名企業であっても応募者から見た人気企業ではないため、欲しい人財の獲得には苦労しているとのこと。「我が社にとっての優秀人財の応募を増やすには、どこに力を入れるべきなのか？『重点投資ポイント』を探り、採用戦略を見直せ！」との指令が出たという。

採用の3ステップは、集める、見極める、口説くであるが、特性アセスメントの導入により、見極めることと口説くことの2点については質の向上が確認されている。しかし、集めることについて非科学的である点をなんとかしたいとのことであった。

既に人財要件モデルが整備されていたことに加え、2年間の応募者データも蓄積されていたので、話は簡単である。活躍可能性の高い人財が、何処からいつ応募してきていたのか、その後内定受託まで辿り着いたのかどうかという、「採用選考の振り返り分析」をするだけである。

とはいえ、H社にとっては初めての経験であり、応募者データが整理されていない。例えば、複数の求人サイトを使っているのだが、「セイ」と「メイ」が2列のデータもあれば1列のデータもあるといったところから始まるのだ。大学についても、文系・理系だけでなく、国・公・私立の区分、学部はいくつかに束ね、所謂偏差値も束ねて5つ位に分けておくと、クロス集計した際に、「最初の気付き」が得られやすい。同一応募者が複数のルートから重複して応募してきていることもあるので、さらに話はややこしい。もちろん、特性アセスメントを受検させる際には、重複チェックはしているのだが、データとして綺麗に整理されて残ってはいなかったのだ。

余談になるが、私は、分析結果を読み解く際には、最初の気付きが大切であるといつも思っている。細かすぎる分析結果は、数字が何を語っているのかを読み解きにくいのだ。仕事柄、「相関」の検証が重要であるという話をよくするのだが、相関は因果の証明では

55以上　45未満

応募経路					
F	G	H	I	J	K
インターンシップ	OB・OGからの紹介	友人からの紹介	親のすすめ	商品・サービス等に元々興味があった	その他
31	12	45	7	3	15
3.4%	1.3%	5.0%	0.8%	0.3%	1.7%
67.36	73.30	64.45	74.95	39.16	35.50
43.07	27.13	33.65	41.86	59.74	49.98
63.51	72.16	57.52	67.68	55.88	32.35
57.45	61.72	53.74	58.06	82.42	52.10
69.60	66.68	60.87	71.17	32.89	37.42
68.54	77.43	61.48	68.52	45.57	39.13

ない。単に統計的に「相関関係が確認された」に過ぎないのである。そのため、相関関係があるのであれば、そこにどのような因果が有り得るのか、それは「使える因果」なのかどうか、このような読み解きと判断を人的に行わなければならない。戦略人事には「説明責任」があるからである。

さて、単にデータが整理されていればよいというものでもない。最終的に分析結果を見た時に、欲しい結論、つまり「何処に力を入れるべきか」が一目で判断できるような「区分」は何かを検討し、それをデータとして整理するのである。

図20はH社の場合の例であるが、応

図20：応募経路別の活躍可能性

		A	B	C	D	E
		就職情報サイト	学内セミナー	合同企業セミナー	大学のキャリアセンター	当社ホームページ
	人数	432	22	106	30	201
	割合	47.8%	2.4%	11.7%	3.3%	22.2%
「職務適性」判定モデル	Aモデル	39.10	25.07	47.42	53.79	59.52
	Bモデル	54.53	39.31	44.15	57.65	38.61
	Cモデル	40.79	18.68	46.73	51.11	59.28
	Dモデル	42.79	33.90	51.27	47.38	53.48
「次世代幹部適性」判定モデル	Aモデル	41.08	23.73	46.72	50.95	57.89
	Bモデル	39.02	18.71	48.18	59.27	59.78

募者の応募経路は多岐にわたっていたため、それを後で判断しやすいように整理し、分析したものである。

これは、採用担当の方であれば、「おぉぉぉ」と声が出てきそうなものだと思う。どの経路から何名の応募があったか、そして人財要件モデルごとの活躍可能性はどうだったかが示されている。

ここでは判断がしやすいように、「応募経路×人財要件モデル」ごとの「適合度」の平均値をレイル社の算出方法に則して得点化している。もちろん、平均値というものは、数が多い場合には中央に寄りやすいので注意が必要なのだが、全体の傾向の概観を捉え仮説を立てるには見やすいのである。

なお図20は、あくまで応募時点での「活躍可能性」だけであり、最終的に内定受諾をしたかどうかなど、様々な分析も別途行っている。全てをゴチャマゼにして見てしまうと判断を誤る可能性があるので、分析パートごとにゆっくりと「この分析結果は何を言わんとしているのか」を読み解いていくことが大切である。

図では、「A就職情報サイト」が約48％と、応募者全体の半数近くを占め、次いで「当社ホームページ」が約22％を占めている。この2つで応募者全体の70％を占めていることが解る。

しかし、活躍可能性の高い応募者は何処からきているのかという観点で見ると、「A就職情報サイト」の数値は低いため、不適合の応募者が数多く混在している可能性があることが解る。これに対して、EからIは、H社にマッチした活躍可能性の高い応募者の割合が高い可能性がある。EからIは、応募者数は少なくてもH社にとっては貴重な経路なのである。

このように、応募者数だけで見るのではなく、必ず「活躍可能性」の高い人財が集まる可能性を掛け合わせて判断していくことが大切なのだ。

さらに、最終的に内定受託をした活躍可能性の高い応募者は何処からの経路に多かったのかなども分析した。それによるとH社の場合、偏差値の高い大学からの就職情報サイト経由の応募者は、たとえ活躍可能性が高くても最後には辞退する可能性が高いことも解った。

これらの分析結果から仮説を立て、検討を繰り返しながら、次年度の採用戦略を立てていくのである。H社の人事部長は、なんとなくそうだろうとは感じていたようだが、数字でハッキリと可視化されたことで、自信をもって次年度の戦略を立てられると喜んでおられた。やはり戦略人事は、人事を科学するべきなのだ。

社員個々の勝ちパターンを活かした営業研修で業績を2倍にしたI社

法人向けサービス業大手I社の営業系事業部門では、もともと、本書の共著者である田路和也が社長を務めるプレゼンス社が提供する「営業プロフェッショナルプログラム」という営業研修を全営業職に対して実施していた。プレゼンス社は営業部門の時間生産性向上に特化した研修・コンサルティングを手掛けており、I社はプレゼンス社のサービスを受けてから3年間で、当該事業部門の規模を倍以上に急成長させていた。

しかし急成長の一方で、課長職を担える人財の育成が切迫した課題となっていた。現場の要である課長職を担える人財を増やしつつ、レベルの底上げをしなければ、これ以上の組織の成長は望めないことが明白だったのだが、研修だけで解決を図ることは、そのキャパシティとスピードに限界があると判断したという。そこで、HRプロファイリングを活用することで研修効果を最大化したいというのが田路からの相談であった。

I社の担当は、人事部長ではなく、営業系事業部の担当役員である。お話を伺うと、部長は優秀なのだが、多忙を極めており、なかなか現場には出ていけない。現場は課長に任せきりであるという。そして課長はプレイング・マネジャーとして、自ら売るとともに、部下に売らせることがミッションなのだが、そのための部下の育成に疲弊してしまっているとのこと。このような状態なので、当然に、新人の離職も増加傾向にあるということだった。

担当役員は、「課長の疲弊を解消しなければ、次期『課長』候補者の発掘と育成ができない。そればかりか、優秀な課長を育てなければ、次期『部長』候補の発掘・育成もできないことになる。当然に新人の育成にも支障が出る。我が社にとって課長の育成はキーなのだ。早急に負の連鎖を止めなければならないのだ」と問題点を明確にしている。

I社と私たちは、複数回の打ち合わせの結果、まず、実態を正しく把握することから始めることを決めた。これは古から言われている「正しく見て、正しく判断して、正しく行動すれば必ず成功する」という諺に従うもので、まずは目の前の実態を正しく見ようという意図である。

私たちは、まず次の2つを実施することにした。

①「人財ポテンシャル構造分析」により、どれほどのポテンシャルを有する人財が、どのようなポジションにどれほど配置されているのか、その実態を正しくつかむ……これは、全社員のヒューマンコアデータが測定され、人財要件モデルが完成していることが前提となる分析であり、目の前の社員のポテンシャルがハッキリと可視化できる。ポテンシャルが高いのに成果を出せていない社員もいれば、その逆もある。重要なポジションなのにポテンシャルの低い人財が配置されていることもあるし、「逃避型」離職の可能性の高い社員が全社員の4割以上を占めている場合もある。とにかく全てを一旦、把握することが大切なのだ。そこから、「課長の疲弊」という現象に対する「打ち手」が見えてくるからだ。

②「部・課長アンケート」により、部・課長自身は何に困っているのか、何を求めているのかを明確にする……部・課長が何をどう感じているのかを明確にすることにより、個々に対する打ち手の「スタートレベル」が見えてくるのだ。そのためには選択式だけではダメで、論述式の質問を投げかけて整理するのである。

さて、全社員受検、人財要件モデルの設計などを終えてから実施した「人財ポテンシャル構造分析」からは、意外な結果が次々と分析された。

まず、部長は全員が高いポテンシャルを有しているわけではないということだ。では何故低いポテンシャルであっても、優秀な成果を出せていたのか？

I社と私たちは、分析結果の読み解きを一緒に行った。

答えは「企業ブランド」と「営業の仕組化」が優れているということだった。営業の仕組化には、皆が助け合って売れていくプロセスも含まれている。仲間を大切にする非常に素敵な企業であることが垣間見えた。

離職者の動向も解ってきた。新卒採用をした後、1年以内に辞める社員は逃避型が多い。また、2年間は売れる社員が多いのだが、2年を超えたあたりから急に自信をなくして辞めたいと言ってくる社員が増えるのだ。何故か？

最初の2年間は、先輩や仲間が助けてくれるので、誰でもなんとか売れる。だから「楽しさを感じることができ、つらさも忘れられる」のだ。しかし2年を超えて自立させようとした途端に失速してしまう社員が出てくるのである。また、3年目を過ぎると、部下を持たせてみるのだが、部下を与えた途端に失速してしまう社員も出てしまう。

もうお気づきと思うが、採用時の厳選に課題がある典型的な現象である。

2年を超えて自立できる人財要件モデルと、3年目を過ぎた後、部下を与えても失速しない人財要件モデルが必要であり、採用時点でそれへの適合性を見極めておかなければばいけないのだ。

次に「部・課長アンケート」からは、以下のような結果が整理された。

1位　部下の指導・育成

自分の指導力を高めたい
部下のパーソナリティをもっと深く理解したい
人財タイプ別の指導・育成方法をもっと深く知りたい
部下のモチベーション向上、ミス軽減などの指導力を身に付けたい

2位　部下との接し方

自分と部下の相性を知りたい
相性のよくない部下との接し方を知りたい

この1位と2位でなんと「課長が求めていること」の90％を占めていたのだ。「如何に世代間の価値観に格差があるのか」、課長は、「如何に腫物に触るようにして部下と接していたのか」を如実に物語っている。

そこでI社と私たちは、これらの分析結果から、次の3つの「打ち手」を実行することを決めた。

◇メンバー全員の「部下のトリセツ」を設計し、現場ＯＪＴに活用し続けること

◇そのために、部・課長向けの「部下のトリセツ活用方法」研修を継続的に実施すること

◇全営業社員（一部の優秀営業社員ではなく）個々の勝ちパターン（戦略）を行動目標（戦術）に落とし込んだ上で、「習慣化」までを研修と現場のマネジメントの両面からサポートすることにより、研修効果を最大化すること

Ｉ社にとって、採用厳選はもちろん必要だが、今優先すべきことは、目の前の社員に対する、個にフォーカスした育成体系の設計である。個々の勝ちパターンに合わせて育成していくこと、「部下が解らない」という課長たちに、「君の部下はこういう特性だよ、このように接し、このように行動を引き出せば成果につながるよ」という「部下のトリセツ」が提供されることなどを柱とした、研修とＯＪＴのブレンデッド体系であったのだ。

それから3年が経過し、事業部の社員数はさらに増え、事業は業界トップクラスの成長を遂げている。部・課長の「部下が解らない」という悩みは大きく減少し、逆にエンゲージメントが高まっていると高評価をいただいている。

この研修を設計した田路は、この成功のカギを次のように語る。

> 営業職や管理職の育成の肝は、孫氏の兵法にある「彼を知り己を知れば百戦殆から

ず」という言葉に集約されています。自分自身のことを正しく理解させた上で、クライアントや部下という相手のことを正しく理解させることが重要です。

当社は、継続的に目標達成できる営業職・管理職を育成する「営業プロフェッショナルプログラム」を提供していますが、そこで最初に必ず行うことは、受講者が「自分自身を知る」ためのワークです。

目標達成のプロセスは山登りに例えられます。山の頂上がどこにあるかを知っていても、自分がいる現在地を認識していなければ、正しい方向に最初の一歩を踏み出すことはできませんし、すぐに樹海に迷い込んでしまいます。

そこで、まずはHRプロファイリングにより、受講者自身のヒューマンコアを理解させるところからスタートしました。

合わせて、研修のなかで行うケーススタディやロールプレイ、ディスカッションなどを通して、自身のスキルレベルも認識させました。正しく現在地を認識した上で、自分のヒューマンコアを活かした勝ちパターン（戦略）を理解させ、その勝ちパターンを行動目標（戦術）にまで落とし込むワークを行いました。いつ何をどのように行えば、成功確率が高まるのかを具体化していくのです。

I社さんでは、さらに「相手を知る」ワークも行うことで、成功確率を高めています。

例えば、管理職研修では、部下のヒューマンコアと勝ちパターンを部下のトリセツに反映させ、部下のタイプ別に部下指導のポイントを具体的に提供しています。

また、営業研修では、心理学的アプローチで、クライアントのタイプを見極め、相手が好むコミュニケーションスタイルを実践する方法を習得していただき、成功確率を高めています。

そしてこれらを日々のルーティンに落とし込み、「習慣化」させることで、どのようなヒューマンコアを持つ人財でも、営業職や管理職として成長させることができるのです。


プレゼンス社の「営業プロフェッショナルプログラム」は、もともと高い評価を受けていたものであるが、今回、I社と私たちが経験したことは、それが功を奏して急成長してしまった時に、その歪がミドルレベルの管理職である課長に一極集中してしまったということである。

田路は、「営業プロフェッショナルプログラム」の肝の考え方として以前から「彼を知り己を知れば百戦殆からず」をベースにしてきたのだが、今回、HRプロファイリングと融合させたことにより、参加者が「自分を知り相手を知る」という点において、今まで消せなかった「定性的な曖昧さ」を消すことができたと語っている。参加した社員たちが、自分と相手を定量的に理解できた時の「発見の顔」が「そうだったのかぁ」という深い頷きになっていたというのである。I社担当役員も、その効果が事業成長に繋がっているだけでなく、社員個々の深い理解と成長に繋がりつつあることを喜んでくれている。

「上流攻略人財」の定義から本格的に設計したJ社

私が見てきた多くの企業には、残念ながら「これからの我が社のコア人財」の定義がなかった。あっても曖昧なものがほとんどだった。

もちろん、例外なく、曖昧な状態から人財要件モデルを設計し、それを検証しながら仕上げていくしか方法がないのだが、そのなかにあって最も高度な手法にチャレンジした事例を紹介したい。

> 本来は、我が社が市場で勝っていくための「差異化された提供価値」を定義し、そこから差異化された能力を定義し、さらにそれを活動に落としていくという流れで「これからの我が社のコア人財」の人財像を定義していくべきだ。

「価値観」ではなく「差異化された提供価値」にフォーカスして設計していく点が重要である。何故ならば、実際に市場で勝たなければならないからだ。「差別化」ではなく「差異化」としているのは、単なる差別化では競合他社に模倣されてしまう消耗戦に陥りがちだが、差異化は「模倣を寄せ付けない戦略」だからだ。

この定義ができてから、それを実現できる人財を見極めるための「人財要件モデル」の設計をする手順が最も高度であり、手間がかかるがベストな手順なのである。


本格的にこの手順から取り組んだのがJ社である。

J社は大手メーカーのグループ子会社であり、顧客の事業におけるイノベーションを提供している。相談は、事業部責任者からであった。依頼内容は、顧客の上流工程に参画できる「上流攻略に向けた人財強化」を図れる体制を3年以内に作りたいということである。顧客に対して、下流からの参画ではなく、上流から参画することで、その後の「受注の伸びしろ」が大きくなるだけでなく、様々な利点があるからだそうだ。

今、上流工程を攻略できる人財は存在している。しかし何故、彼・彼女はそれができるのか、何故、彼・彼女はその手前で躓くのか、その理由が不明確だというのだ。この差の原因を科学的に解明し、次世代の上流攻略人財の早期発掘と育成を図りたいということであった。

J社の案件に関する全体プロデュースは、レイル社提携パートナーであるインヴィニオ社が担った。まず、インヴィニオ社が「これからの上流攻略に向けた人財」の定義を設計し、それからレイル社によるHRプロファイリングを実施し、その分析結果から「育成体系の設計とその実施」をインヴィニオ社が行うという流れだ。

本事例では、最初の段階で、どのようにして「これからの上流攻略に向けた人財」の定義を設計したのかにフォーカスして解説したい。

これはHRプロファイリングによる「人財要件モデル」、つまり自社基準による人財要件を設計する前に行う高度なアプローチである。

インヴィニオ社の代表取締役・土井哲氏に、この「プロジェクトの肝」について語っていただく。

このプロジェクトの肝は、「上流攻略ができる人財」という、今、社内にはいないかもしれない人財像をどのように策定するか、ということでした。業績の向上を目指して企業が新たな方針を打ち出す時、方針からどのように人財要件を導くのか、今社内にいない人財、未来のハイパフォーマーについてもその要件を確実に導けるアプロ

図21：未来の人財要件を導くアプローチ

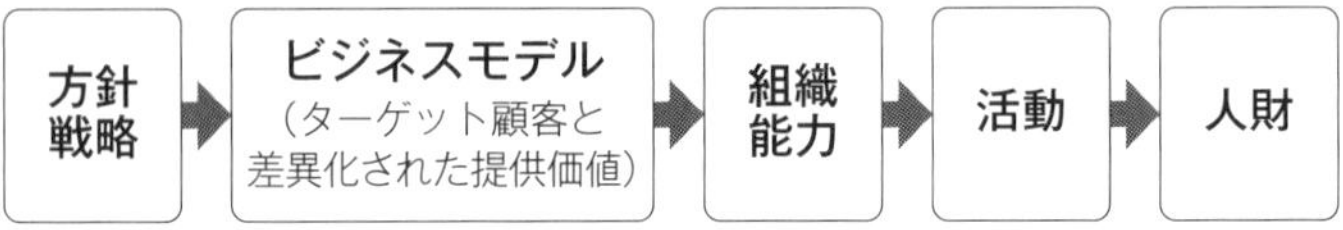

ーチがあります。

それが図21の通り、方針→これからのビジネスモデル→これから必要になる組織能力→これから社員が実施すべき活動→人財要件の順番で明らかにしていく、という方法です。

いくら新しい方針や戦略を打ち出しても、現場で働く人たちの日々の活動が変わらなければ、出せる結果は変わりません。戦略を実行するには、新しい活動のデザインが必要です。活動が明確になれば、その活動を推進できる人とはどのような思考と行動ができる人なのか、人財要件が明確にできる、というわけです。カギを握るのはビジネスモデルと活動をつなぐ「組織能力」（組織として何ができる必要があるか）という概念です。

非常に面倒に見えるかもしれませんが、この順番で考えると、確実に人財要件を導くことができます。どういうことか具体的に説明しましょう。

「上流工程に出ていく」、これは方針です。これを実現するには「誰に」「どのような価値を提供するのか」具体的なビジネスモデルが必要です。また、その提供価値が差異化された競争優位性のあるものでない限り、売上を成長させるのは困難です。他社との競争にさらされて、価格が下がったり、そもそも売れなかったりするからです。

これからの時代において何がお客様にとって「価値」になるのかを明らかにするために、J社ではまず、事業部の責任者および上級幹部の方々に集まっていただき、「時代分析」を行いました。

横軸に時間軸を取り、縦軸に「自社」「競合」「顧客企業」「世の中」の4つを取って、5年以上前に自分たちは何をしてきたか、そのとき競合や顧客企業、世の中はどのような状況であったか、そして5年前から今日まで自分たちは何をしてきたか、競合や顧客企業、世の中にはどのような動きがあったか、「最近」と「それ以前」の2つの時代について90分くらい時間をかけて振り返りを丁寧に行い、業界で何が起こってきたか、どのような力が業界を動かしてきたかを明らかにしました。

そしてこれから5年くらい先までを考えたとき、世の中はどうなりそうか、世の中がそのように変化するとしたら、J社の顧客企業にはどのような変化がありそうか、顧客企業にそのような変化が起こるとすると、競合はどのようなことを仕掛けてくる可能性があるかを導きました。

戦略を議論するときには、未来に対する認識を揃えることが重要です。そこが異なると、我が社はAをするべきと主張しても、いや、自分は違う未来を描いているので、AではなくBをするべきだ、と意見が合わなくなります。ですので、今回は、じっくりと将来何が起こるかイメージを合わせることに多くの時間を使いました。

将来に対するイメージが共有できたら、次は、そのような未来を前提としたときに、自社は「誰をターゲットに」「何を価値として提供するのか」、ビジネスモデルの議論に進みました。実は、この段階で「躓き」がありました。ターゲット企業についてはすぐにイメージ合わせができたのですが、提供価値の議論に入って、事業部責任者が「われわれがこれから提供する価値は……だよな」と言うと、他の幹部の方が「えっ！　そうですか？　少しイメージが違うなあ」と言い出したのです。

これは皆さんの会社でも起こりうることです。方針レベルでは異論がないものの具体的なビジネスモデルの話になった途端、それぞれのイメージしているものの差異が明確になり、異論が噴出するというのは珍しい光景ではありません。試しに皆さんの周りの人に、「うちの会社がお客様に提供している価値って何だろう」と聞いてみてください。今提供している価値についてさえも人によって答えが違ったりします。

J社の場合、結局この点については幹部メンバーでもう一度議論したい、というこ

図22：活動システムマップ

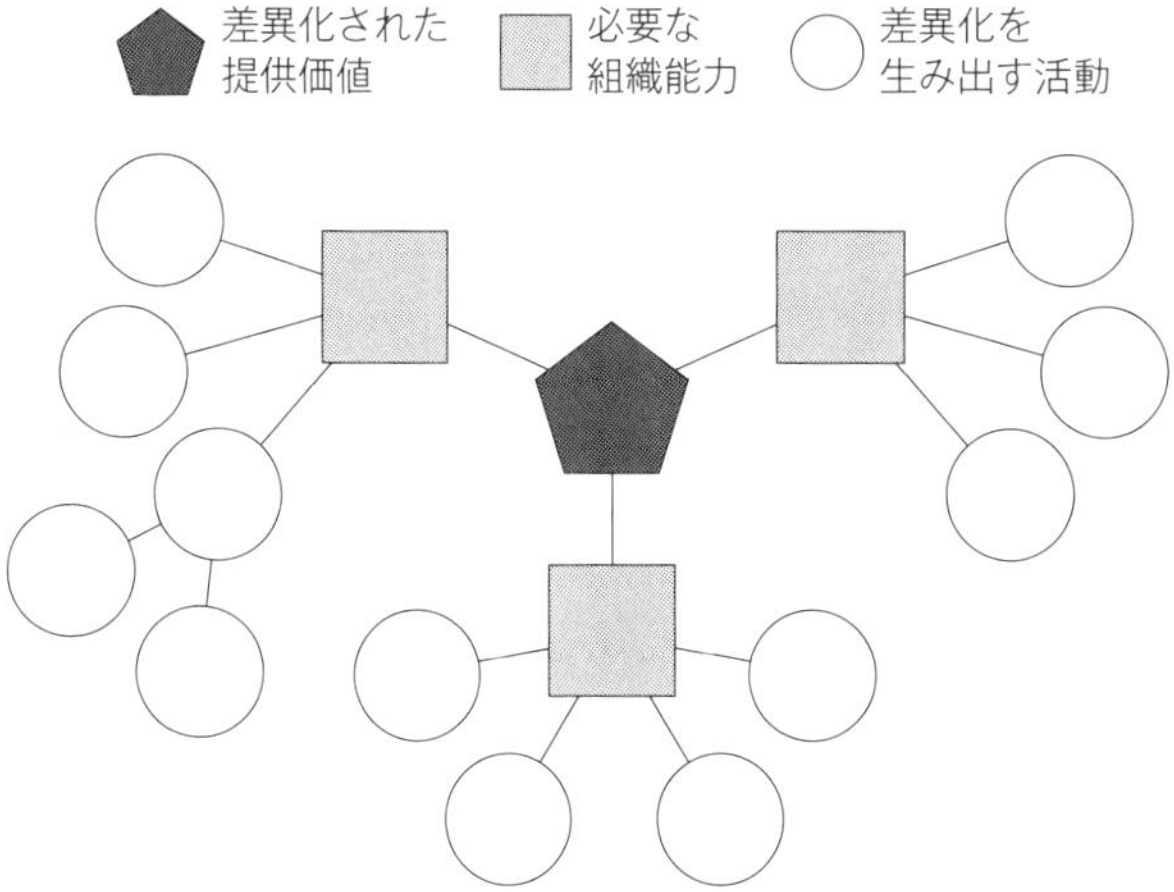

とになり、「他社には真似できない顧客価値として表現してくださいね」、と念を押してワークショップはいったん終了しました。

2週間後、再びJ社を訪れると、提供価値が明文化されていました。「これは本当に差異化されていると言えますか？」「競争優位性はありますか？」という問いに「はい」という答えでしたので、2回目のワークショップは明文化された提供価値を出発点に議論を始めました。

これから必要となる組織能力とこれから行うべき活動を導くのに役立つのが、マイケル・ポーターが提唱している「活動システムマップ」です。これを少し私たち流にアレンジしたものが図22です。

これから提供したい差異化された価値を真ん中におき、その「提供価値」を産み出し、競合よりも優れた形で提供し続けるには、「組織として何ができなくてはならないか?」という問いに答える形で組織能力(Capability)を明らかにし、提供価値の周辺に置きます。

そしてその組織能力1つひとつについて、その組織能力を実現するにはどのような活動が行われる必要があるのかを具体的に並べていくのです。

簡単な例をお話しします。モノを作って売っていた企業が、モノ売りだけでは利益が取れない、顧客の経営課題を捉えて、モノを含めたサービスの提供で差異化しようと考えたとします。

提供価値として「自社の製品とサービスを組み合わせて顧客の経営課題を解決する」ことにした場合、組織能力としてまず求められるのは、「顧客の経営課題を理解できること」です。

また、その経営課題(各社によってそれぞれ違うことが想定される)について、自社の製品とサービスを適切に組み合わせてソリューションに作りあげられることも組織能力として求められます。

次に組織能力から活動を導きます。例えば「顧客の経営課題を理解できる」ようになるためには、誰かが「顧客の経営課題を抽出する分析」活動を行い、誰かが「経営者とその課題を議論する」ような活動が必要になります。さらに顧客の経営者と議論の機会をもつためのなんらかの営業活動も必要になることが見えてきます。

このように組織能力を明確にすることで、今後注力すべき活動を導くことができます。

もうお解りだと思いますが、「活動」が特定されることで、そのような活動ができる人とはどのような人なのか、「人財要件」が見えてくるというわけです。

人事部門や経理部門など「顧客価値」を表現するのが難しい場合は、これから自社を支える上で、人事部門はどのような存在でありたいかを考えて真ん中に置き、そのためには何ができなくてはならないのか組織能力を明らかにしてください。

実際J社ではこのような作業を数時間にわたって行った結果、大きな「活動システムマップ」ができあがりました。そしてそこから、最初の段階では想定していなかったことが見えてきました。

それは、「上流攻略」を1人の人物がやるのは難しく、5タイプの人が協業しなくてはならないということが見えてきたのです。

「組織能力」と「活動」を明確にすることで、人財要件が見えてくるだけでなく、新しい活動をしてもらうためにどのような育成施策を打つべきか、また新しい活動を促進するためにどのような評価制度（行動評価）に変えるべきかも見えてきます。

これまで行ってきた活動と新たに必要となる活動がかなり異なる場合、社員はどうしてよいか解らない可能性があるため、育成施策と評価制度も同時に検討する必要が出てきます。

この事例でご理解頂けたと思いますが、方針や戦略と行動要件を結びつけるのは「組織能力」と「活動」であることを銘記していただければ幸いです。

このようにして、J社における「これからの上流攻略に向けた人財」として、次の5つのタイプの人財が協業しなくてはならないということが解ったのである（ここでは名称のみを示し、その内容・定義は割愛する）。

◇クリエイター
◇プランナー
◇アカウントプロデューサー
◇制作プロデューサー

◇デザイナー

この後、この5つの人財像の定義に従い、レイル社が人財要件モデルを設計して仕上げていった。この手順は他社と同様である。

J社の上級幹部は、この後すぐに、5つの人財要件モデルを用いて、候補者のリストアップ作業を始めた。「未来の人財要件を導くアプローチ」によって練り上げられた5つの人財像に対して、十分に検証とチューニングを施して仕上げられた人財要件モデルであったため、上級幹部たちが、属人的にではあるが有望であると思っていた人財の多くが、5つの人財像それぞれに対する高い適合性（数値）と共に可視化されたのだ。しかし一方で、意外な人財が浮かび上がってもきたし、その逆もあったのだ。

HRプロファイリングのよい点は、このような「意外さ」を感じた時、当該個々のHRプロファイルデータを見ることで、その「意外さ」の原因が何なのかハッキリと解るという点である。同席した上級幹部たちの「人に対するバイアス」が薄まり、「業績を向上させるために必要となる人財を見極める眼」が洗練されていくのである。

この時、同時に見えてきたことがある。それは、5つの人財要件モデルのうち、1つの人財要件モデルについては、現状ほぼ社内にはいないということだった。

このことについて上級幹部たちからは、「これは解る。うちはこのタイプの人財が育ちにくい風土なんだよ」と納得の声が上がった。しかし、その人財が必要なのであるからどうするか？

ここまで可視化されてくると、もう事業部責任者も上級幹部も頭はフル回転である。外部から調達するのかなど、「打ち手」の案はどんどん出てくるのだ。

やはり、今いる自社の位置と向かうべき位置を正しく把握し、必要となる人財要件は何かという、大きな視点で「目の前を正しく見る」ということが如何に大切か、改めて思い知らされた事例である。

この後、J社では、候補者を絞り、「上流攻略に向けた人財」としての、個にフォーカスした育成体系が動き出したのである。

第５章

「自社基準」の設計手順

本章では、第４章で解説してきたＨＲプロファイリング事例から、その手順を整理して要点をまとめたい。ＨＲプロファイリングの肝は「自社基準」の設計であるので、これに至るまでの手順について解説する。

「課題の整理方法」と「自社基準の設計手順（概要）」

この節では、課題の整理方法と手順全体の概要を説明し、その後、具体的な手順の説明をさせていただく。

(ア)　課題の整理方法

まず、図23をご覧いただき、用語の定義をご確認いただきたい。

この定義によると、「早期離職者が多い」「有望人財の離脱が多い」「次世代幹部候補の発掘・育成ができない」などはいずれも「現象」である。現象から「原因」を見極めて課題を整理し、その課題を解決するためにHRプロファイリングを活用するという流れになる。「根本原因」を取り除かなければ、いつまでたっても同じ現象の芽が出てくることになるので、課題の整理は大切なプロセスなのである。

例えば、「新卒採用社員の早期離職が多いから、早期離職しないように職場環境をよりよく改善しよう」という判断は、正しく聞こえるのだが、果たしてそれだけでよいのだろうか。

新卒採用社員の「活躍可能性」を分析すると、活躍する要件を備えているとは言えない社員が3割を占めていて、そのうち半数は早期離職する可能性も高いということが解った場合、単に「辞めないように、職場環境を改善する」だけで足りるのだろうか。

図23：用語の定義

現象：	発生していること
原因：	現象の原因
課題：	原因を取り除くためにすべきこと

採用した以上、何が何でも育てていく責任が企業にはある。しかしそれは当然として、もっと根本的な原因が別にあるはずだ。採用する前に、早期離職せず活躍してくれる可能性の高い社員を厳選する仕組みがなかったことが、最も大きな根本原因ではないだろうか。

もちろん、課題の整理というプロセスでは、打ち手の優先順位を十分に検討しなければならない。しかし**「根本解決という視点」**を外すと、毎年同じことを繰り返さなければならなくなるので注意が必要である。

しかしご安心いただきたい。複雑に聞こえるこのプロセスは実はシンプルなのである。人事上の1つひとつの現象の原因は、同じものが重なっているケースが多く、しかもそれは、採用厳選の失敗、配置の失敗、育成体系の設計ミス、抜擢の失敗などに集約される。言うまでもなく一番多くの現象に絡んでいるのは、採用厳選の失敗である。

では何故、失敗しているのか。それは既に説明を繰り返してきた通り、経験と勘に頼った属人的な判断でこれを行っているからである。属人的人事は既に限界を迎えているのだ。もし、科学的視点を用いず、属人的に判断していくのであれば、判断した後は、「どうか辞めずに頑張ってくれ」と祈るしか方法がないことになる。

「判断が正しかったのかどうか」、その「判断の根拠」が曖昧である場合、後で「妥当性」を検証することができず、そうなると改善もできないということになるからだ。

私が呼ばれてご訪問させていただく企業では、ほぼ全て課題は整理されている。仮に整理されていない場合でも、エスコートさせていただきながら打ち合わせをしていけば、すぐに課題の特定はできることが多い。つまり、「整理する」という作業をされていないだ

図24：「自社基準」の設計手順

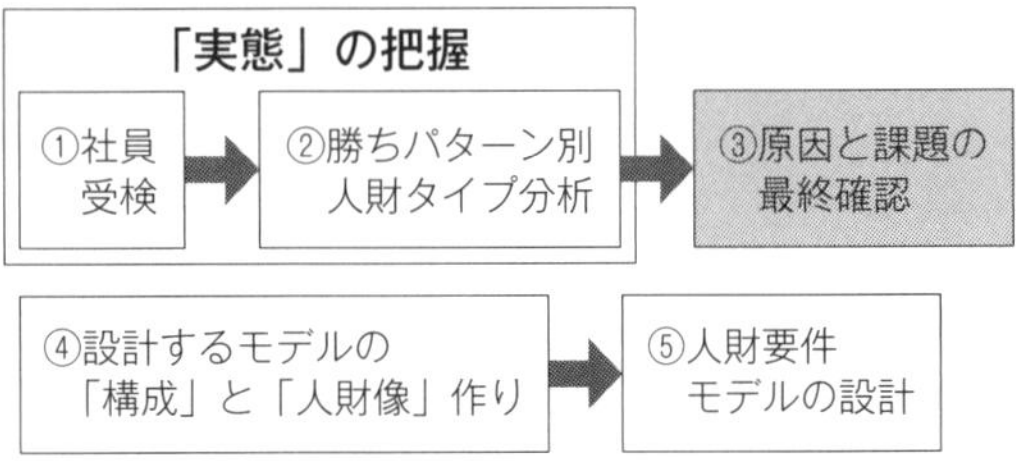

けで、決して難しいプロセスではないのだ。

ただ、課題の整理ができていない企業の場合、**科学がココまで「使える」ということをご存じないために、今まで通り、属人的に解決しようとした結果、打ち手の選択肢を狭めていた**ように感じるのだ。

(イ)「自社基準」の設計手順(概要)

さて、図24は、「原因と課題」の整理ができている状態からの手順である。

予め検討された原因と課題は果たして正しいのか、これを確認するために①②からなる「実態の把握」を行う。

もちろん、例えば社員数が100名以下で、十分に社員個々のポテンシャルの実態は把握できていると言われる場合にはスキップしてもよいかもしれない。しかし多くの場合、実態把握のフィードバック会議では、意外な実態が浮かび上がり、参加者からうなり声が連発されるので、実施されることをお勧めする。

実態把握の詳細は次節以降で解説するが、要するに人財要件モデルを設計しようとしている対象組織の社員が受検し、社員を人財タイプに分類してその特徴を見るのである。ここから、どのようなポテンシャルを持つ社員がどのように配置されているのか、それぞれの勝ちパターンが見えてくるのだ。

そして③では、特定している「原因と課題」の考え方が間違っていないか確認し、必要な調整をすればよい。

ここまでの作業は、受検期間に1週間、人財タイプ分析に1週間、最終確認の期間を入れても3週間見ておけば十分だろう。

「④設計するモデルの『構成』と『人財像』作り」では、課題を解決するためには、どのような「人財要件モデル」の構成とすべきか、そして、それぞれの人財要件モデルの人財像はどのような定義にすべきかを検討していくのだ。理想を追いかけ、実態とかけ離れ過ぎていると使いづらいのだが、ある程度、これから求められる人財像を定義していく必要がある。

そして「⑤人財要件モデルの設計」に入るのだが、これは専用のツールを使うことが望ましい。

以下、具体的な手順について解説する。

手順1　社員が特性アセスメントを受検する

人財要件モデルを設計したいと考える組織の社員の特性データが、人財要件モデルを設計するために、そしてその後の精度検証を行うために必要である。

手順は、受検者リストアップ→事前告知→アセスメント実施の3ステップとなる。

(ア)　受検者リストアップ

営業部やマーケティング部など、分析対象となる組織の社員の特性データが必要なのだが、全員が受検する必要はない。新卒採用後2年目までの社員など、まだ自社に定着しているとは言えないかもしれない社員の「特性データ」はノイズになる可能性があるため、受検者リストから外してもよい（これは自社判断による）。

違う視点で言うと、社員の職務遂行能力が、例えばグレード1（新卒）から7（管理職）まで設定されているとするならば、グレード3か4以上の社員が、上級幹部も含めて全員受検することが望ましい。

人財要件モデルの検証の際には、定着している社員のなかで、優秀な人財、そうではない人財、問題行動を引き起こしている人財などを、特性アセスメントツールがバイネームで的中させられるかどうかを確認しなければならないからだ。

(イ) 事前告知

受検者には、メールによる事前の告知が必要である。特に目的について、責任ある丁寧な事前説明をして理解を得ておかなければならない。企業によって文面は異なるが、概ね図25のようなメール文面である。要点を解説する。

◇前書き

何故実施するのかについて、簡単に説明する。

◇目的

職場改善を目的として活用させていただきます。

当社で長く活躍いただける人財を一人でも多く採用し育成するために役立てます。

個にフォーカスした育成体系を設計するために役立てます。

今回の「特性調査」は、人事考課には一切関係ありません。

おおよそ以上のようなものであるが、最後の「人事考課には一切関係ありません」という文言は、必ず明記しなければならない。

図25：事前告知文イメージ

件名：「特性調査」ご協力のお願い

この度、中途・新卒採用の参考とするため、「特性調査」を実施することになりました。ご多忙中恐れ入りますが、下記の回答期間内に各自Web上で回答をお願いいいたします。
（約25分間で、簡単な質問にご回答いただく形式となります）

- 回答期間：2020年●月●日～●月●日まで

- 回答方法

※「回答案内メール」が、●月●日9時頃、送信されますので、メールに掲載されているURLをクリックして回答してください。
（パソコン、タブレット型端末、スマートフォン型端末のいずれでも回答ができます。）

※回答案内メールは<●●●●●.com>から送信されます。
もし受信予定日になっても受信が確認できない場合には、迷惑メールなどの設定で他のフォルダに振り分けられていないかをご確認ください。

- 「特性調査」の目的

※当社で長く活躍いただける人財を一人でも多く採用し育成するために役立てます。
※今回の「特性調査」は、人事考課には一切関係ありません。

補足すると、「評価」には、行動評価や業績評価などがあるが、いずれも「結果」に対して評価をするのである。つまり、仮に「予測値」が低い社員であったとしても、本人が頑張ってマインドを高く維持し続けた結果、評価すべき行動や高い業績が出されたのであれば、それをキチンと評価すべきであるからだ。

ヒューマンコアからの予測値は、図26の通り、全て「事前」の参考情報として用いるのであるため、「人事考課には一切関係ありません」と明記しておくべきである。

フィードバック

最後にもう一点、受検された社員個々に対するフィードバックをどうするかを明記するかどうかだが、この段階では、まだどのようにフィードバックすべきかが決まっていないケースが多いため、「特性調査結果の、皆様へのフィードバックにつきましては、後日、ご案内させていただきます。」と書くか、特に言及しない企業が多いようである。

図26：特性調査の目的

予測に活用する

- 採用する**前**
- 配置する**前**
- 抜擢する**前**
- 躓く**前**（育成）

評価には使わない

- 行動評価
- 業績評価

また、フィードバックすると明記する場合でも、個別の結果をフィードバックするのではなく、全体のマクロ的な集計結果をフィードバックしているケースが多いようである。

一番してはいけないことは、単に「個別の結果を解説書と共に受検者に配布する」ことだ。これは、数値の波形でヒューマンコアを読み取るということが伝わらず、どうしても「数値の低い人が落ち込んでしまう」というような、数値ばかりが独り歩きする結果になる危険があり、目的と逆行してしまう。

個別結果のフィードバックを成功させるには、部・課長向けの「部下の結果読み解き研修」を実施した後、部・課長から部下へ、膝を交えて丁寧にフィードバックをしていただくとうまくいく。この方法は、そもそも部・課長自身が知りたがっている「部下のヒューマンコア」を知ることができる機会となり、手間はかかるのだが、とても評判の良い方法である。

(ウ)「特性アセスメント」実施

特性アセスメントの受検時間は、おおよそ15〜30分程度のものが多く、いずれもweb上で受検できるものが大半である。ペーパーで実施できるものもあるので、事前に確認されるとよいだろう。

受検期間を設定して実施するのだが、必ず期日までに受検してくれない社員が出てくる。そのため、特性アセスメント実施を担当する人事の方は、該当組織の責任者に、事前に目的や趣旨をよく説明しておき、協力が得られるよう関係構築をしておくとよいだろう。

図27：2つの「自社基準」

「自社基準」区分	識別ポイント	活用範囲			
		採用	配置	抜擢	育成
A）人財要件モデル	優劣	◎	◎	◎	◎
B）勝ちパターン別「人財タイプ」	個性	○	○	×	

手順2 「勝ちパターン別人財タイプ」分析をする

特性アセスメントが実施されると、社員個々のヒューマンコアデータが取得される。そこで、1人ひとりのヒューマンコアデータを見ていくことも有益ではあるが、それでは細かすぎる。

人財要件モデルを設計するにあたり、今知りたいことは、**自社には、どのような勝ちパターンの人財タイプが存在しているのか**であり、これを分析しておくと、この後の作業の大きなヒントになるばかりか、この人財タイプ判定が、採用、育成、配置にも大きく役立つのである。この分析は、E社事例で紹介しているのでぜひ参照されたい。

実は、「自社基準」には図27の通り、2つの種類がある。

Aは、これまで説明してきた通り、活躍可能性を予測するためのものであり、いわば「優劣」を識別する。ある意味、目立った優秀人財としての活躍可能性を識別すると理解されてもよい。

これに対してBは、優劣は無視し、ヒューマンコアによる人財タイプの分類をするのである。ヒューマンコアの類似性を見て束ねるのであるから「勝ちパターン」も類似してくる。職場には、目立った優秀人財だけが必要なのではない。目立つ・目立たないにかかわらず、重要な役割を担う、必要な人財がいるのだ。それを可視化するのがBである。これはクラスター分析という統計的手法を用いるのだが、E社事例でも記した通り、高度な知見が必要となるため専門家に任せた方がよいだろう。

Bも自社基準であると言われると違和感があるかもしれないが、以下のように考えて欲しい。

一般的な他社標準型の人財タイプ分類があったとして、その「予め決められた人財タイプ数」に、自社社員を当てはめていくと、どうもしっくりこないことが多いのである。「今、自社の考え方・価値観のなかで、実際に活躍している社員は、どのような勝ちパターンを有する人財タイプに分類できるのか」を分析していくことから、これも自社基準というのである。

図28（188〜189ページ）は、とある企業において、勝ちパターン別「人財タイプ」分析を行い、人財タイプごとの性格特性・動機の平均値を示したものである。

この企業では、大きくはⅠ、Ⅱ、Ⅲの3タイプ、小さくはA〜Hまでの8タイプが存在していた。タイプⅠは、全体的に数値が高いことから行動パワー量が高いことが解る。タイプⅡ、タイプⅢと右へ行くに従い、行動パワー量は低くなる。

行動パワー量は、全体の数値の高い低いで見るのだが、タイプごとの特徴は、全体の数値の高低ではなく、それぞれのタイプのなかの数値の波形で読み取ることがコツである。数値の高い項目は、そのタイプの人が拘っていて譲れないポイントであり、強みでもある。低いポイントは軽視していたり苦手だったりするポイントである。

行動パワー量の高いタイプⅠのなかで、タイプAは、最も和を大切にし、チーム志向が強く、気さくではあるのだがフットワークは重い。物事の構造を見抜いたり、話のへそをつかむ論理性が低く、緻密性が低いことから入念な準備を怠り、最後の詰めが甘いタイプであることが読み取れる。明るく人気者だが地頭は高くはなさそうで、面白く言うならば「お調子者」である。

タイプCは、この企業において最もアグレッシブに活動するタイプであり、タイプAと同様に和を大切にし、チーム志向もほどほどあり、最も気さくである。しかしタイプAと違ってフットワークはとても軽い。思い立ったらスグに行動するタイプだ。そして物事の構造を見抜いたり、話のへそをつかむ論理性も高い。一般的には有能な人財に見えるのだが、しかしリスクを全く回避しようとせず、無謀にアクセルを踏み込んでしまうところがあり、詰めも少し甘いところがある。面白く言うならば「無謀なチャレンジャー」という

タイプ_C	タイプ_D	タイプ_E	タイプ_F	タイプ_G	タイプ_H
47.30	45.52	47.95	31.44	34.87	38.65
68.46	55.53	48.50	29.19	33.54	28.13
76.30	55.38	38.00	36.32	37.41	23.16
48.14	41.58	48.59	35.51	33.89	41.30
57.05	47.16	44.58	28.94	30.60	30.78
49.67	39.91	32.42	34.45	30.58	26.37
56.91	41.53	34.95	39.81	35.04	27.92
55.08	50.97	45.16	48.29	44.35	44.69
50.32	41.32	33.28	39.99	34.54	29.66
65.78	42.34	36.42	56.97	28.86	27.13
68.25	44.24	39.00	53.88	31.99	24.60
49.02	45.35	48.74	39.11	37.52	41.78
69.23	61.05	42.17	35.61	40.05	26.75
42.06	39.38	28.81	34.49	34.26	25.50
55.09	41.58	30.90	39.91	37.74	25.68
80.62	67.87	52.92	56.62	57.51	40.86
61.53	53.42	60.35	48.66	46.98	54.50
64.33	60.19	49.96	50.00	57.66	39.39
24.30	40.94	52.22	53.84	58.74	68.75

50以上	45以上50未満	30以上35未満	30未満

図28：「人財タイプ」別の性格特性・動機

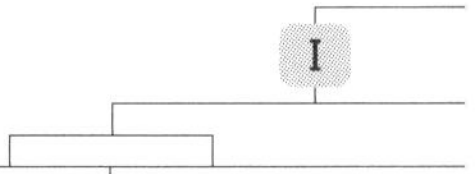

				全体	タイプ_A	タイプ_B
「基本的」性格特性	外向性	1	チーム志向	42.21	50.48	49.24
		2	気さくさ	41.88	63.21	45.33
		3	フットワーク	38.75	38.66	42.57
	協調性	4	協調優先	42.37	52.12	48.29
		5	多様性への対応	38.51	55.57	40.26
		6	説得・交渉	34.15	44.28	40.30
	良識性	7	役割意識	37.51	40.85	47.80
		8	誠実	48.36	50.40	59.79
		9	完遂	37.39	40.33	49.38
	情緒安定性	10	安定性	37.58	57.91	40.66
		11	回復力	39.74	56.92	50.29
		12	配慮	44.77	56.84	51.68
	知的好奇心	13	情報欲	42.13	49.07	45.00
		14	緻密性	33.93	34.31	44.46
		15	論理性	35.59	33.04	41.28
仕事への動機		31	達成動機	57.24	57.47	70.52
		32	親和動機	54.97	64.05	60.83
		33	権力動機	52.80	46.87	61.00
		34	回避動機	53.10	41.98	44.40

ことになる。

ではタイプHはどうか。全体的に行動パワー量は低く目立たない存在である。というより目立ちたくないタイプである。回避動機が突き抜けて高いことから、仕事においては安心・安全を最も重視し、少しでもリスクがあれば断ってしまう。あるいはリスクを完全に除去してからでないとやる気が出ないタイプである。このタイプは、タイプCと真逆であるが、タイプCにはできない仕事が得意なのだ。ルーチンワークを正確にこなすことである。タイプCなら、イライラしてムラが出てしまうようなルーチンワークでも、タイプHはミスなく大量にさばける。

一般的に、タイプE、F、G、Hは、ミスが許されないルーチンワークに向いていると言える。あくまで一般的ではあるが、例えば経理とか、事務などだ。ただし、言うまでもなく、活躍可能性を正確に判断するには、特性論に基づく人財要件モデルを設計しなければならない。

さて、図28で示している性格特性項目はごく一部であり、このような読み解きもごく一部である。もっと幅広く、深く、読み取っていけるのだが、本節ではここまでとしておく。この深い読み解き方については、「HRプロファイラー」を育成する認定講座でご指導させていただいているので、興味のある方はお問い合わせいただければと思う。

ともかく、このように勝ちパターン別「人財タイプ」ごとの特徴とともに、それぞれのタイプの人財がバイネームで可視化されているのだから興味深いのである。さらに、部門、役職、年齢など、様々な属性ごとにクロス集計をした資料を皆で読み取っていくのである。

「やっぱり彼と彼は同じタイプなんだぁ」

「うちの部長たちは、タイプABCDに多いんだなぁ、あ、タイプCは部下からの評判がよくない部長が混じってるね？」

「そんな感じがしますね、でもABタイプの部長は部下からの評判はいいですよ。でもチーム全体の業績が高いのはBDタイプかもしれないな」

「FGHタイプの社員は目立たないけど、特にFGタイプのサポート力は半端ないよな」

「そうですね、女性が多いようですけど、彼女たちのおかげで成り立っている部門が多いと思います」

などと会話が弾むのである。

さらに、

「これからはタイプBとDのような、チームとして成果創出させることができる人財がリーダーとして必要なんじゃないか」

「いや、私はもっと今までの常識を覆すようなことができる人財が上に立つべきだと思うんですよ」

「確かにそうだな。現業の進行管理ができる人財はたくさんいるが、未来を切り開くことができる人財と言われればCタイプか。この無謀さを抑えるのではなく活かすということか」

「タイプFGHが我が社の社員の6割を占めているのか。これは頷ける点があるな。しかし今後の採用戦略では、数年かけて、タイプFGHを全体の4割程度に抑えるべきかもしれないいな」

などと議論は尽きない。いつも時間切れになってしまうのである。

この勝ちパターン別「人財タイプ」分析は、過去実施してきた企業で1社も違和感があると言われたことがない。手前味噌ではあるが、全て大好評なのである。やはり、目の前の社員のポテンシャルを自社基準によって科学的に可視化することには、大きな発見があるのだ。

ご参考

さて、クラスター分析という統計的手法によって勝ちパターン別「人財タイプ」を分析するのであるが、しかしこのクラスター分析という手法は、その時の集団に対する分析であるため、その時の集団に属していた被検者以外の被検者の人財タイプは解らない。被検者が増える度に、その都度、クラスター分析をやり直すわけにもいかない。

そこで、クラスター分析によって分類された人財タイプを参考にして、どの人財タイプに近似している被検者なのかを割り当てるための、別の方程式をアセスメントツールに組み込むことによって、受検する度に、どの人財タイプの人なのかを即時判定できるようにすることも可能である。レイル社のマルコポーロにはこれが組み込まれていて、とても活用されているので、参考までに、ご紹介させていただいた次第である。

手順3　原因と課題の最終確認をする

さて、ここまでクリアに見えてくれば、今、設定している原因と課題が的を射たものかどうかも見えてくる。現象が同じであったとしても、企業の状況や社員のポテンシャルの実態によって、優先して解決すべき課題は異なるのだ。ここにあるのは「正しい手順」だけなのである。

ただ、私の経験から言わせていただければ、まず人事上の全ての問題に共通する根本原因のひとつは、採用厳選の精度が低い点にあると言える。その上で、配置、育成、抜擢シーンにおいても、属人的であるが故に精度が低いことが原因となっている。

個にフォーカスした配置や育成ができていないために、活躍可能性が高い人財なのに芽を引き出せていないケースも多いのだ。

手順４　設計するモデルの「構成」と「人財像」を定義する

例えば、採用厳選に用いるための、「営業における若手活躍人財」の人財要件モデルを設計する場合、その人財像は、「自ら売れる人財」と定義するのか、あるいは「自ら売れて部下にも売らせられる人財」と定義するのかなどと検討していく。

前者に適合する人財が後者にも適合するとは限らないので、後者のモデルを１つだけ設計する場合には、前者だけに優れた人財の適合性は低くなる。それでもよいのか。どちらも必要な人財だというならば、人財要件モデル構成としては、「自ら売れる人財」と「部下に売らせることができる人財」の２つの構成とすればよいのである。そうすることで、いずれかに優れた人財、両方に優れた人財を、それぞれ見極めることができるのだ。

この時、もうひとつ同時に検討いただきたい点は、**誰がどのように使うための「人財要件モデル」なのか**である。

採用担当者が、採用選考のスクリーニングに用いる人財要件モデルを検討するならば、組織図をベースにして、ある程度、部門を束ねながら配置先の人財要件モデルを複数設計すればよい。この時、細かく、たくさんの人財要件モデルを作りすぎると、採用選考の時に判断が煩雑になるので、ある程度束ねて設計することがコツである。

役員が、次世代管理職の候補者を抜擢するために活用する人財要件モデルを検討するならば、J社の事例で紹介したような「未来の人財要件を導くアプローチ」を実施してみるのもよい。組織図と離れた視点で、「未来」を見定め、そこから逆算的に検討していくのである。

このようにして人財要件モデルの構成が決まれば、1つひとつの人財要件モデルについて、どのような人財像なのかを定義していく。この「人財像の定義」は、次の手順で、「人財要件モデルの設計」を担当する方々（モデラー）が、人財要件モデルの設計作業に入る前に共有し、「不要なブレ」が生じないようにするために用いるのである。

ただし、この時点で細かすぎる定義は不要である。モデラー間において、大きい認識合わせができる程度でよいのである。人財要件モデルの分析がなされれば、何が求められている人財であるかは逆算的に明らかになるからだ。

手順5 「人財要件モデル」を設計する

ここで今一度、人財要件モデルとは何なのかを確認しておこう。

人財要件モデルとは、「経営陣が立てた経営戦略を実現するために必要となる人財を供給し続けること」をミッションとする戦略人事が、「採用する前」「配置する前」「抜擢する前」「躓く前（育成）」の「予測」に用いる「自社のものさし」である。

この人財要件モデルを誰がどのように設計すべきなのかについて説明していこう。

(ア)「人財要件モデル」の設計手法

人財要件モデルとは、被検者が特性アセスメントを受検することによって得られるヒューマンコアの測定値から、それぞれの人財要件モデルに対する適合性、つまり活躍可能性を算出する「方程式」である。

この方程式の設計には、高度な知見が必要であるため、専門家に依頼することをお勧めする。ご注意いただきたいことは、専門家を名乗る人なら誰でもよいわけではなく、「予測的妥当性0・7以上」を目指して設計できる人でなければならない。

補足すると、

◇予測的妥当性0・7とは、「相関係数（r）が0・7」であるということ

◇そして「説明力」は、rの二乗で求めるため、0・49となる
◇そして「説明力」は、「人の納得感」と実践的見地からは解釈してもよい

つまり、予測的妥当性（＝相関係数）が0・7であれば、「人の納得感（≒説明力）」は約50％となり、企業が有益な参考情報として活用できるギリギリのラインに到達するという理解になるのだ。

さて、具体的な「人財要件モデル」の設計手法について、マルコポーロを例にして説明させていただく。マルコポーロには、「人財要件モデル設計機能」が、図29の通り、2種、用意されており、それぞれにかかる所要時間は約30分である。

図29：人財要件モデルの設計手法

手法1：調査的面接法＋AI

- 主に次世代の優秀幹部や優秀人財などの人財要件（それへの適合性）を明らかにすることが目的。
- AIの弱点である了解性（人による納得感）の低さを補完している。

手法2：質問紙法

- 主に新卒採用から40歳程度まで、躓かずに活躍できる人財要件（基本的な職務適性）を明らかにすることが目的。

手法1では、実在する優秀人財と非優秀人財のヒューマンコアデータ（性格特性・動機の測定値）から、両者を有効に識別することができる「有効識別因子」を抽出し、方程式を生成するのだ。

ただし、優秀人財と非優秀人財の2つのグループにおける性格特性・動機の因子1つずつの平均値を比較して、差異の大きいものに識別力があるのだとして、

その性格特性・動機の因子の測定値が高い人財が優秀であるとする方程式では、高い予測的妥当性が得られない可能性がある。

それよりは、重回帰式を生成していく方式の方がよい。重回帰式についての詳細説明は割愛するが、この方式であれば、一定の予測的妥当性が得られる可能性がある。

しかし、より高い予測的妥当性を求めるためには、重回帰式を生成するにとどまらず、より一層の工夫が必要であり、レイル社では、それを日々、学術的専門家とレイル研究チームによって研究し続け、アセスメントツールに実装している。このような「より高い予測的妥当性を追求するための工夫」は、今後、アセスメントツール提供会社によって、様々に研究がなされていく領域であると言えるだろう。

手法2は、質問紙に回答いただき、その回答内容から方程式を生成していく方式であり、「基本的な職務適性」を判定するのに適している。

手法2においても手法1と同様に、特定の性格特性・動機の因子が高ければ高い方がよいというだけの考え方では高い予測的妥当性が得られない可能性があるため、「適切な高さ」を範囲で求めていく考え方を用いている。

以上、2つの手法を例としてご紹介したが、どのような手法が正しいのかを論じるよりも、実際に自社における妥当性検証の結果、より高く予測的妥当性が得られるのはどのような手法かという追求をしていくべきである。

(イ) 誰が「人財要件モデル」を設計するか

アセスメントツールに実装されている「人財要件モデル設計機能」を使うことを前提として、「人財要件モデルの設計」を担当する方(モデラー)を誰にすべきかについて説明する。

人財要件モデル設計機能を使う場合、モデラーの具体的な作業内容は、設計する人財要件モデルの人財像に従い、図29の手法1であれば、実在する社員から優秀人財と非優秀人財を指定することであり、手法2であれば、質問に回答することである。

「モデラー」としての条件は、

◇当該人財要件モデルの仕事内容に精通している人

◇経営陣の「未来に対する意図」をつかんでいる人

◇当該組織の人財について、優劣を判断できる人

ということになる。

ご注意いただきたい点は、各事例にも記した通り、最終的に社内でオーソライズされるような手順で人財要件モデルを設計すべきであるということである。例えば、ごく一部の人だけでモデルを設計した場合、後になって、「彼・彼女が作った人財要件モデルなんて

使えない」と言い出す人が出てくると厄介だからである。

そのため、例えば「部長以上全員がモデラーとなって設計する」などとした方が、後々、厄介なことになりにくいのだ。部長以上全員が参加したわけだから、誰も文句は言えないということである。

この場合の手順は、例えば、「営業部長」の人財要件モデルを設計する場合、営業部の各部長と、営業に精通する一部の役員の、総勢20名がモデラーになったとする。各自1つずつの人財要件モデルを設計するならば、20のモデルができあがる。

ここから、専門家により、人財要件モデル間の関係性を、相関分析やクラスター分析などの手法を用いて確認し、類似しているモデルを束ねていくのである。「田中部長と鈴木部長と小林役員のモデルは類似性が高かったため束ねました」と報告できるように分析していくのだ。そして最終的には、20個あった人財要件モデルが、4個に集約されるかもしれない。しかしこの4個の人財要件モデルは、部長以上20名の衆知を集めた結果であるという報告ができるのである。

(ウ) 人財要件モデルの「特徴」と「精度」の確認

人財要件モデルの検証会議では、最終的に束ねられた人財要件モデルの構成と、各モデルの特徴、そしてモデル間の関係性が報告・確認される。

「4個のモデルに集約された理由は理解できた。それぞれの特徴も納得できる。しかしこの1つのモデルは今後不要ではないか。おそらく5年後の我が社では生き残れない勝ちパターンのように感じるのだが」

「確かにそれは言える。3個のモデルを活用していくことにしよう」

このように議論していただくのである。

そして社員データを用いて「精度」の確認を行い、必要に応じてチューニングを行って仕上げるのだ。実際に優秀な人財が、この人財要件モデルからも活躍可能性が高いと判定されているかどうか、同様に、優秀ではない人財の活躍可能性が低く判定されているかどうかを確認していくのだ。この際、該当部門の社員個々の活躍可能性判定データ全体を通して、「最低5割、理想は8割以上の納得感」が得られることが目標である。そしてもうひとつ、この時点では優秀とは見られていなかった「埋もれていた優秀人財」の発見に対する合意がとれることも忘れてはならない。

この検証方法は、「予測的妥当性」の検証方法（参考）、91ページ」で詳しく説明しているので、そちらもご確認いただきたい。

第6章

「採用厳選」への活用

欲しい人財を「集める」

「ウチは人が集まらないんです。だからもう、応募してきた人はほとんど採用して育成していくしかないんです」

半分諦め顔で言われる人事の方がおられる。

私の経験では、このように「そうするしか仕方がないんです」と言われる企業は、「業界が不人気だから」と理由付けされることが多いのだが、実は「集める」ことに対してそれほど工夫をしておられないようにも感じるのである。

巷に「集める」手段は多々あるのだが、もしその手段自体が優れているのであれば、他社もそれを使うはず。そのなかにあって、自社への応募者を増やさなければならないのであるから、やはり、自社の魅力は自社で工夫して、差異化をしていかなければならないということになる。

これを貪欲に実行されている企業を2社ご紹介する。

レイル社提携パートナーであるテイラーズ社（TAYLORS llc）CEOの東原康夫氏からの依頼である。テイラーズ社は、採用母集団形成の企画プロモーションを担い、K社社長から母集団形成を成功させて欲しいと依頼されたとのことである。

K社にはマルコポーロが導入されていて、求める人財要件モデルは完成していたので、「見極める」ことはできるのであるが、「集める」ことが弱く、強化したいのだという。

東原氏は、K社社長が「求める人財要件モデルは、社員データで検証済みであり、深く信頼できる」と言われていることに注目し、「人財要件モデルから、K社の活躍人財はどのような『行動傾向』の人財なのかを分析し、その特徴を言語化して欲しい」と私に依頼してきた。

数日後、それを納品したところ、東原氏は、「K社で活躍できる人財の行動傾向」から、「このような行動がしたい人財が振り向く採用コンセプト・キャッチ、企画・プロモーション方法は何か」を検討するというのである。

そしてできあがってきた採用コンセプトは、それまでのものと全く異なる、エッジの効きすぎたものであったが、K社社長は気に入られた様子で、その採用コンセプトに基づいた各表現を新卒採用のあらゆる広告に掲載することを決めた。さらに東原氏は、その効果を最大化するためにコンセプトと連動したムービーやSNS広告などを制作し、配信・活用できるようにもしていたのだ。

こうして、フタを開けたら、前年と比較して大幅に「適合性の高い人財からの応募率」が高まっていたのである。会社説明会でも、適合性の高い人財が集まっていたため、K社担当者の会社説明に対する応募者たちの頷き度合いが前年とは全く違っていたという。

K社社長と東原氏は、

◇K社が欲しい人財が振り向く「採用コンセプト・キャッチ」は何か、それを科学的に分析して的を射たものを作り、そこにエッジを利かすべきである

◇それを検討する素材は、「性格特性・動機」よりも「行動傾向」の方が、応募者が「働き方を想像しやすいキーワード」が見えてくる、

と考えたという。

やはり、「集める」ためには、貪欲に「差異化」をしていくべき時代であると、改めて感じた事例である。

第4章で紹介したH社は、適合性の高い応募者はどの応募経路から来ているのかを分析することで、重点投資すべき応募経路を探りあて、欲しい人財からの応募を増やしてい

る。是非、そのH社事例も改めてご覧いただきたい。

欲しい人財を「見極める」

今や、上司に従って大多数の部下が指示通りに動けば業績が向上した時代ではない。誰でも採用すれば役に立つように育成できた右肩上がりの時代ではなくなったということだ。それでも企業は利益を上げ続けなければならず、そのために必要となる、自社にとっての優秀人財を見極めて採用し続けなければならない。

このことを忘れてしまうと、数年後、クビにならない程度に力を抜いて仕事する滞留人財が増加し、次世代幹部候補は不在となり、不適合人財を多く抱えて苦しむことになる可能性が高まるのだ。これでは社員も決して幸せとは言えない。人と職の適合性を見極めるということは、双方にとって有益なのである。

見極めることの重要性はこれまでご説明してきた通りであるが、ここでは、具体的にどのように見極めて選考の判断をしていくのかについて、事例をベースに説明する。

見極めには、2つのアプローチがあり、それは、

◇人財要件モデルによる「活躍可能性」の見極め
◇勝ちパターン別「人財タイプ」による「勝ちパターン」の見極め

である。

㈠　人財要件モデルによる「活躍可能性」の見極め

L社では、組織分野ごとに4つの人財要件モデルを設計した。これを採用に使うためには、まず4つの人財要件モデルそれぞれについて、それぞれに所属している社員の適合性（＝活躍可能性）の数値を確認しながら、実際に活躍している人財とそうではない人財とを「**識別する基準となる数値**」は何点であるかを探っていく必要があった。この作業には、採用担当者は外れていただき、人事責任者と事業部門責任者が集まって行われた。

結果、4つのモデル全てにおいて60点以上であれば、綺麗に活躍人財を識別できることが解った。実はマルコポーロには、この基準となる数値の登録機能があり、人財要件モデルごとに70以上ならS、60以上ならA、50以上ならBなどと登録することができる。これで1つひとつの人財要件モデルの基準となる数値の仮設定ができた。

次に考えるのは、「総合判断」として、全ての人財要件モデルへの適合性が平均的に高い人財を採用するべきなのか、それとも、特定の人財要件モデルへの適合性が高ければ他は低くても採用してよいのかの検討である。この判断は企業によって割れるのだが、基本的には、人財要件モデルの適応職種が多岐にわたっていて職務内容も大きく異なる場合は後者、そうでなければ前者という考え方でよい。

L社の場合には、営業、販促・マーケティング、企画開発、事務・管理の4モデルであったのだが、新卒採用においては、事務・管理以外の3職種をメインとして活躍可能性を見極めたいとのことであった。

そのため、事務・管理以外の3職種については、いずれか1つの人財要件モデルで70以上、かつその他の人財要件モデル2つがそれぞれ45以上ならS、いずれか1つの人財要件モデルで60以上、かつその他の人財要件モデル2つがそれぞれ40以上ならA、などという条件で判定されることとなった。もちろん、この条件を社員に適用してみたらどうなるかを確認してからの決定である。

そして事務・管理への適合性は、それら3つの活躍可能性とは別ものとして見るのである。実はマルコポーロには、このような判定基準の登録機能もあり、それを用いて登録がなされた。

特性アセスメントツールとしての準備はこれだけである。

こうして実際の応募者の適合性の数値を見ていくのだが、ここで注意しなければならない点がある。それは、新卒応募者は、必ず「盛った」回答をするため、回答操作性を最大限に除去したとしても、少し高目に数値が出る可能性があるということである。

マルコポーロの場合、これは企業によって応募者の傾向が異なるので一概には言えないが、場合によっては5～8点ほど、適合性の数値が高くなる可能性があるので注意されたい。全体的な適合性の数値分布を見た上で、基準となる数値を変更する必要があるかどうかについても、この時点で判断する必要があるだろう。

他に能力テストを実施している場合の判断だが、氷山モデルでご説明した通り、能力があったとしても、それを発揮する土台はヒューマンコアであるため、まず「ヒューマンコアの適合性」を重視して見極めるべきである。このことは、その他の選考要件についても同様である。

採用時点で、将来の幹部としての活躍可能性を見極めたい場合には、同様に、将来の幹部としての人財要件モデルを用いればよい。

もちろん、全ての新卒採用社員に将来の幹部としての活躍可能性を求める必要はないのだが、全採用数の3割は、将来の幹部としての活躍可能性が高い人財を採用しておきたいと考える企業が多いのだ。ヒューマンコアは容易には変わりにくいために、10年以上先の予測に使えるのである。

以上、ここまでが人財要件モデルによる見極めである。次に、「勝ちパターン別人財タイプ」による見極め方を説明する。

図30：「人財タイプ」からの判断の仕方

	「人財要件モデル」による適合性（＝活躍可能性）	
	高い	低い
人財タイプからの判断の仕方	活躍可能性が高いのだが、その中にあって、どのような勝ちパターンなのかを見て最終判断をする	目立った活躍は難しいのかもしれないが、人財タイプとして必要な人財なのかどうかを判断する

(イ) 勝ちパターン別「人財タイプ」による「勝ちパターン」の見極め

人財要件モデルは、自社組織における「活躍可能性」を見極めるものだが、企業には、目立った優秀人財だけが必要なのではない。目立たないかもしれないが、重要な役割を担える必要な人財がいるのだ。

それを可視化するのが「勝ちパターン別人財タイプ」である。この使い方は、「手順2『勝ちパターン別人財タイプ』分析をする」（185ページ）に詳しく説明しているので、そちらをまずご確認いただきたい。

図30は、人財要件モデルによる活躍可能性が高い人財と低い人財を左右に置き、それぞれの場合に勝ちパターン別「人財タイプ」を見てどのように判断するのかについて整理したものである。

人財要件モデルによる活躍可能性が高い人財（左側）であっても、どのような勝ちパターンなのか、誰と似た活躍をしそうな人財なのかは確認しておいた方がよいだろう。また、低い場合（右側）には、目立った優秀人財にはなれないかもしれないが、どのような勝ちパターンで活躍しそうな人財なのかを見ていくのである。例えば、人の上に立って指示をすることよりも、人の陰で人の役に立つ仕事がしたいと望むような人財タイプであったり、安心・安全が確認できる一定の範囲の中で粛々とミスなくルーチンワークをこなしていたいという人財タイプであったり。絶対に必要な人財タイプがあるものだ。そのような視点で見極めていく必要がある。このように2つの自社基準を活用することにより、漏れや偏りを減らした「より深い見極め」ができるのである。

余談になるが、社員数が300名以下の中小企業の場合には、この勝ちパターン別人財タイプによる見極めだけでも採用時の見極めという目的を果たせるといわれるケースがある。応募者の人財タイプと同じ人財タイプの社員をパッとイメージすることができるので、それだけで応募者の活躍イメージが描けると言われるのだ。

欲しい人財を「口説く」

欲しい人財を見極めたら、なるべく早い段階で口説く必要がある。F社事例でもご紹介した通り、欲しい人財の早期発見と早期口説きができなければ、早期離脱が起きてしまう可能性があるからだ。

どのように口説くかについても、F社事例で紹介した通りである。優秀人財ほど、論理的な説明を求める傾向が強いので、定性的な言葉での口説きは通用しないばかりか、「いい加減な会社」と思われてしまう危険がある。

例えば、「あなたは当社の○○部門や△△部門で活躍できる可能性がとても高いことが科学的な分析によって解りました。○○部門はあなたのご希望の部門ですよね。あなたが活躍できる可能性が高いと分析された理由は、あなたの内面が当社の求める要件と適合していたからです。つまり、あなたは、当社の組織風土に違和感なく馴染むことができ、そして活躍ができる可能性がとても高いということなのです。あなたの成長をサポートするために、あなたの個性や勝ちパターンに合わせた育成体系も用意していきます。是非、次の選考ステップに進んでいただきたい」といった感じで、「何故？」を論理的に説明すべきである。

有望な応募者からすると、1つひとつの選考ステップで、「何故次に進めたのか」、その理由が解らないままである場合、「なんとなく束として次に進められた」としか受け取れず、「ちゃんと見てくれていない」と違和感を覚えてしまう。「次の選考に進めた」と単純に喜んではいないのだ。

個にフォーカスすることの大切さは、採用の始めから終わりまで全てに必要なのである。個にフォーカスしてキチンと応募者を見てあげることができていない企業の口説き文句は、抽象的で、具体的に何をよいと判断してくれたのかが曖昧であり、応募者には響かない。最終面接での口説き方も同様である。

ただし、口説くといっても、応募者に対して現実を実際よりも良く見せようと焦ったり、間違った意気込みで臨んだりするのはご法度である。リアリスティック・ジョブ・プレビュー（Realistic Job Preview）という理論がある。これは、入社前に応募者に対して職務場面の現実を、良いところも、悪いところも全てをリアルに伝えることによって、入社後のエンゲージメントなどを高める理論である。職務場面の悪いところを入社前にリアルに伝えると応募者が離脱してしまうのではないか、という心配が生じるかもしれないが、悪いところをリアルに事前に伝えないと、入社後に結局退職してしまったり、モチベーションが下がったりしてしまうのである。

リアリスティック・ジョブ・プレビューの学術理論と社会実践の多くは、ヒューマンコアと本書が呼ぶ部分の適合性にまで踏み込んだ議論はなされていないと思われるが、本来必要なのは、ヒューマンコアが適合している応募者に対してこそ、リアルな現実を伝えることであると本書は考える。なぜなら、入社前に職務場面の悪いところを伝えられても、ヒューマンコアが適合していれば、「それでもいいかな」「それよりも自分が気に入ったところのほうが多いな」などと応募者は受け止める傾向が高いからである。ヒューマンコアの適合性がわからないままに、母集団形成をし、大量の学生に対してリアルな情報を伝えても、それが響くかどうかはわからないのであり、ヒューマンコアの適合性に関する情報不足が採用担当者の、無駄な離脱への心配を生じさせ、無駄な焦りや意気込みにつながるのである。よって、本書で述べる「口説く」とは、ヒューマンコアが適合する応募者に対するリアリスティック・ジョブ・プレビューを伴った口説き、であるとご理解いただきたい。

第７章

「適正配置・抜擢」への活用

「適正配置」への活用

採用厳選の時には、どの組織分野でどれほど活躍できそうかという視点で、人財要件モデルによる活躍可能性を見極めた。実は、適正配置の時も、基本的に同じ視点でよいのである。

図31は、ある企業における４つの人財要件モデルに対する、社員１人の活躍可能性をプロット表示したものである。

この社員にとっては、「営業」職だと組織風土にはフィットするが成果は出しづらい。「商品企画・開発」職では成果は出せるだろうが、組織風土にはフィットしにくい。そして、「オペレーション事務」職と「サポートアシスタント」職は成果を出しづらく、特に「サポートアシスタント」職は難しいだろうということが解る。

図31：適正配置への活用

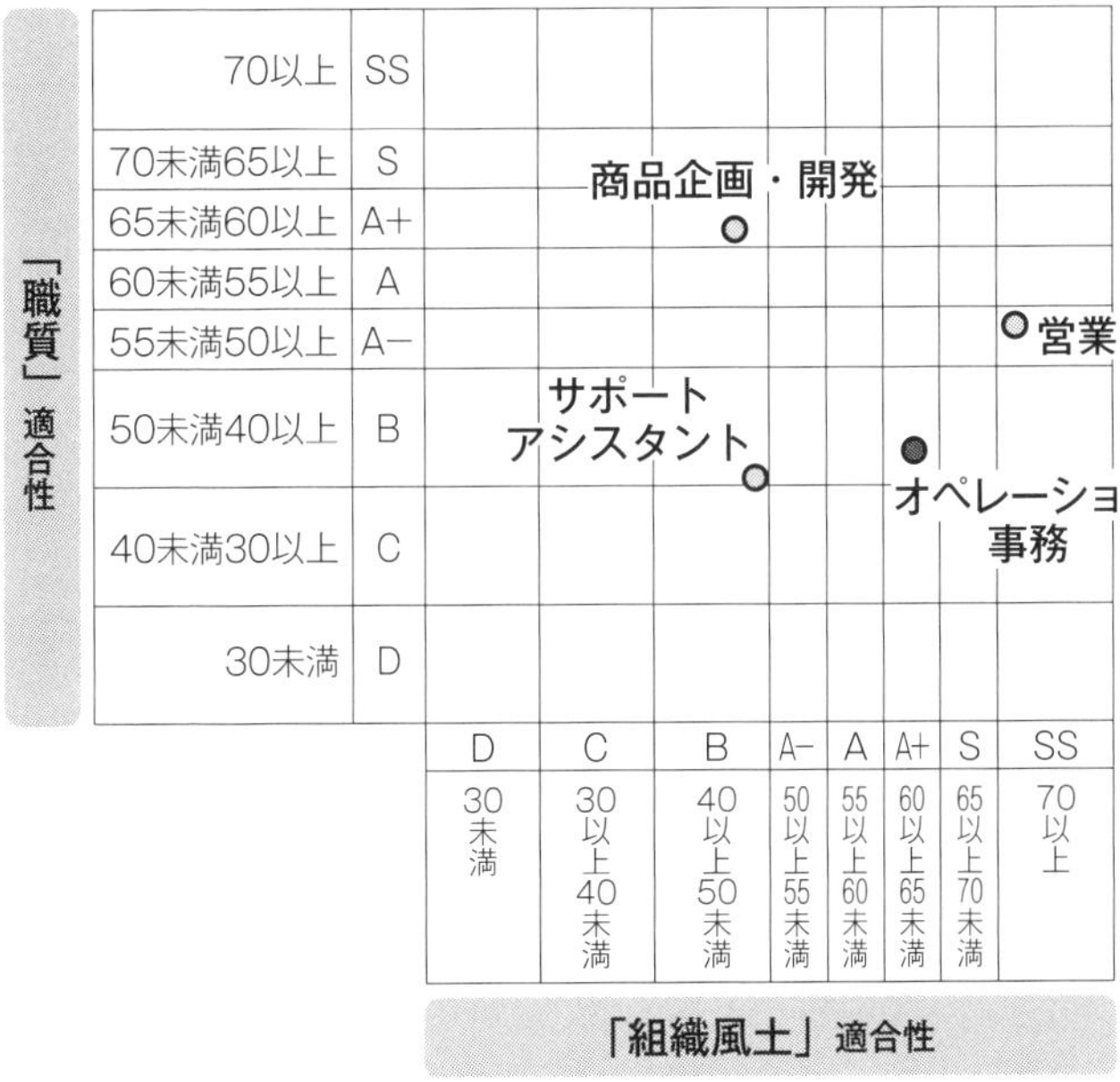

これらをヒントにして、その他の要件も考慮しつつ、その社員にとって適正な配属先を検討するということになる。

新卒採用後の配置を検討する時には、採用厳選の時にはなかった仕事がひとつ増える。それは、配属先の事業部責任者に「何故、彼・彼女を貴部門に配属するのか」の理由を説明して、「気に入っていただく」必要があるという点だ。「何故、彼・彼女がウチなんだ」と事業部責任者は説明を聞きたがる。これに対して論理的に説明して、気に入ってもらわなければならないのだ。

この時に、「適合性を可視化したアウトプット」があれば「トリセツ」として添えることができるので便利である。

この社員のヒューマンコア（性格特性や動機）は、ストレス耐性が高く、親和動機が高く……という説明だけでは、何が言いたいのか解らない。あなたの部門が求めている人財要件がこうで、それに対してこの社員はこれだけ適合しているのですという、「差異が可視化」されていなければ、「理由」の説明にならない。「このように活躍可能性が高いから配属を決めました。でもこの点は躓きやすいポイントとして認識してフォローしてあげてください。そしてこの社員の可能性を開花させてあげてください」と言うのである。事業部責任者は、「解りました」としか言えないだろう。こうして初めて、事業部責任者が「育成することへの責任を持つ」ということになるのである。

「気に入っていただく」というところまで人事の仕事なのかと思われるかもしれないが、戦略人事を名乗るのなら、そこも自分のミッションだと思った方がよい。他の誰もできない仕事であり、その後の社員の成長だけでなく、事業部責任者自身の成長にも大きく影響する重要な仕事だからだ。

その後の異動では、事業部責任者たちによる奪い合いが多く見られるようになるが、これは自部門が成果を出すための責任の現れだから仕方がない。ただ、戦略人事はこのような場合でも、経営戦略を実現するための「全体最適」を検討し続けなければならない。このヒントになるのが、HRプロファイルデータなのである。

社員個々の「適合性を可視化したアウトプット」とは、HRプロファイルのことを指すのだが、活躍可能性の低い部門に配属せざるを得ない場合には特に必要だ。「躓きやすい」からである。躓く前に手を差し伸べるために可視化が必要だということだ。

では、HRプロファイルはどうやって作るのか。実は、難しくない。人財要件モデルが完成して適合性が判定されているのであれば、判定の過程で当然に差異は分析されているからだ。

実践的な経験値として付け加えさせていただくと、新卒採用後の配属先を決める時には、強く「期待」を込めるべきである。採用した以上、たとえ適合性が低くても、本人が高いマインドをセットアップして頑張って成果を出してくれるかもしれないと期待するのである。だからこそ、躓きそうなポイントを事業部責任者に理解してもらい、躓く前に、躓かないように育成し、成長を支えてもらう必要があるのだ。

人事を悩ませてしまうのは、全ての部門に対する適合性が低すぎる場合である。これは採用時に活躍可能性を見極めていなかったことが原因なのだが、そういう時には、勝ちパターン別人財タイプにヒントを求めることになる。同じ人財タイプの人が、どの部門で役立っていて、どの部門で役立てていないのかが可視化されているからである。

戦略人事としては、適正配置で悩む前に、採用で悩むべきであるのだが。

「次世代幹部候補」発掘・抜擢への活用

次世代幹部候補の発掘・抜擢には、類型論に基づく「勝ちパターン別人財タイプ」ではなく、特性論に基づく「人財要件モデル」を用いなければならない。重要なポジションへの判断となるので、精度高く成功してくれる可能性を予測するためである。

類型論と特性論の違いや、何故、特性論に基づく人財要件モデルの方が、精度高く活躍可能性の見極めができるのかについては、D社事例のなかで解説しているので、そちらをご確認いただきたい。また、次世代幹部候補の発掘・抜擢については、C社、G社、J社の事例が解りやすいので、改めてご覧いただければと思う。

G社事例の中で、ハーバード大学のザレツニック（Zaleznik,1977）から始まったリーダーとマネジャーの役割の定義を説明した上で、以下のように解説した。


「強い企業」は、単に「次世代リーダー」という言葉を追いかけているのではない。

どちらか一方が必要という解釈では失敗する。そうではなく、その時、どちらに重きを置くかの整理による抜擢をしているのだ。つまり、そのミッションにどちらが求められているかによって、その都度、基準を変えながら候補者を抜擢しているのである。

この考え方が、次世代幹部の発掘・抜擢には重要なのである。

G社事例にある通り、1つの人財要件モデルだけで適合性はいくらかと見て判断するのではなく、複数の未来のミッションに向けた人財要件モデルに対する、総合的な適合性の波形で判断すべきなのだ。この点が、部門に配置する時のように、その「組織分野」での仕事に対する基本的適性を見極めようとする場合と異なる点である。

そのため、人財要件モデルの構成を検討する時点では、組織図ベースで行うのではなく、例えばJ社事例のように、ビジネスモデルと必要な活動をつなぐ「組織能力」(組織として何ができる必要があるか)を明確にした上で、炙り出していく必要がある。

このワークは、大手企業では有名コンサルティング会社が入って実施したといわれるケースが多い。それらを拝見すると、確かに整理されている。しかし、そこで止まってしまっているケースが多いのだ。

せっかく未来が整理され、必要な組織能力が明確になっているのに、それが人財要件モデルの設計に繋げられていないし、システム（仕組み）として、運用できる形で実装されていないのだ。数千万円の分厚いファイルがキャビネットに眠っているのである。やはり、現場で使えるツールに落とし込まないといけないのである。

最近は、「今までは親会社から来た人が役員になるケースが多かったのだが、これからはそれを減らしていき、社員のなかから次期役員を抜擢していきたい」と言われる企業が多い。現場からの叩き上げの社員でないとこれからを乗り切れないとの判断である。そして必ず、「次世代リーダーが必要なのだ」と言われる。

こんな時、私はいつも、「マネジャーの発掘・育成はできるのだが、リーダーの発掘・育成は難しい」ということをお話しする。リーダーとマネジャーでは、要件の習得に違いがあるからである。

例えばリーダー（新たな事業を創造し実現する人）としてのヒューマンコアは、人間力など、主に経験や出会いによって身につくものであり、その多くは若年期に習得されると言われている。成人してから育成することは困難なのだ。そのため、リーダーの要件であるヒューマンコアを備えていない人にリーダーシップ研修をいくら行っても、リーダーとしての成果を期待することは難しいのである。リーダー要件を備えている人を科学的に発掘し、リーダーシップ研修だけでなく、修羅場を体験させ、もともと持っているタネを開花させていくようなプログラムならば、成果を期待できる可能性はあるのだが。

私がこのように説明すると、経営陣や事業責任者クラスの人は例外なく「やっぱりそうかぁ、腑に落ちる」と言われる。このことを現場で痛感しておられるのだ。「うちのリーダーシップ研修は、誰でもリーダーとして育成できます」などという一部の研修会社の「魔法の言葉」にのってはいけないのである。

マネジャー（現業の進行管理をして発展させる人）は、後天的な育成が可能と言われているが、誰もが反対するなかで改革を断行していくリーダーの要件は、既に若年期に形成されていて、後から育成できるようなものではないのである。

また、「リーダーの要件が備わっているのかいないのかが解るのか？」と聞かれるのだが、「一般基準に照らした判定はできる」とお答えしつつ、「実は、次世代リーダーが必要だと言われ、実際に人財要件モデルの設計をさせていただくと、求めていたのはマネジャーだったという企業が非常に多いのだが、本当に今あるものをひっくり返していくようなリーダーをお望みでしょうか？」とお聞きすると、たいていの場合、考え込まれてしまう。仮に必要だとしても、管理職全員にその要件が求められることはなく、数名でよいはずなのだ。

実は、リーダーとマネジャーという言葉の二者択一から、自社の未来を絞り込むように考えていき、「なんとなくリーダーが必要だ」と結論づけるのは危険である。これまでご説明してきた通り、自社基準として次世代の経営幹部要件を多角的に検討すべきだからだ。他社で優秀だったリーダーが自社でも優秀とは限らないだけでなく、もし「自社にマッチしないリーダー」の場合には、破壊して終わってしまう危険もあるということを忘れてはいけない。

第８章

「育成」体系設計への活用

育成効果を最大化させるキーは「行動の習慣化」

さて、「ヒューマンコアが変わりにくいのは解った。ではどうやって育成すればよいのか」という質問を受けることが多い。この時、「氷山モデル」を見ていただきながら、２つのことをご説明する。

◇育成するのは「マインドと知識・スキル・経験」であって「ヒューマンコア」ではない。マインドと知識・スキル・経験から行動を変容させていく「行動変容プログラム」であるということ。

◇行動変容プログラムを成功させるキーは「習慣化」であること。行動の習慣化ができなければ、行動は定着せず、元の自分に戻ってしまう。もし習慣化ができれば、苦手だった行動への違和感が軽減し、緩やかにヒューマンコアも変容し始めるということ。

いくつか事例を交えてご説明させていただこう。

右利きのピッチャーが苦労の末にサウスポーになった事例がある。非常に強い意志の下、来る日も来る日も、左手でボールを投げる練習を何年間も続けた結果、サウスポーになれたというのである。これは、行動の習慣化によって、違和感ある行動の「違和感」が軽減されていったということである。もちろん、人によって、そしてその難易度によっても、習慣化までの期間は異なる。毎日牛乳を飲むという習慣化なら、誰でもすぐにできるかもしれない。

試しに今、ご自分の利き手でペンを持って、ご自分の名前を書いていただきたい。次に、反対の手で書くと大きな違和感があると思う（違和感のない方もそのまま読み進めていただきたい）。しかし、この違和感ある行動でも、毎日続けていき、習慣化されていけば、少しずつ違和感が軽減していくのである。

この時、習慣化を実現するために必要なのは、自身の「強いマインド」である。ただし、ストレス耐性が低くて繊細な人が、ストレス耐性を高くしたいと思い、ストレス耐性の高い人の行動傾向である「タフで打たれ強いと同時に、鈍感で、事の重大さを認識しようとしない」という行動を、いきなり真似てみるとどうか。これは容易ではなく、続かない。本性であるヒューマンコアと、その行動との間のギャップが大きすぎて、自らの「マインド」の力だけでは根負けしてしまうのだ。

では、どうするか。

人は感化されやすい生き物である。何も意識しなくても、ある組織で例えば5年間働けば、その組織の考え方や価値観が自分のヒューマンコアに少しずつ染み込んでくるものだ。この「感化」を利用するのである。

例えば、部下の行動をこのように変容させてあげたいという「行動変容プログラム」がデザインされているとすれば、それを上司・部下間で共有し、上司はメンターとなって適切なアドバイスを行い続けるという「環境」を与え続け、その環境に感化させていくのである。チェック項目が設定されていて、チェックし続けてあげられればなおよい。

このような二人三脚でなければ、なかなか1人では「強いマインド」を継続させることは難しく、行動を変容させるところに辿り着かないからだ。

行動の習慣化まで辿り着ければ、緩やかにヒューマンコアも変容し始める。ヒューマンコアが変容するには長い時間が必要だが、そうなれば緩やかに違和感は減少していき、その行動を自然体で発揮しやすくなっていくのである。

研修を設計するにしても、OJT強化策（現場で実際の経験を通して育成していく組織機能）を設計するにしても、最終的に「行動の習慣化」がプログラムされていなければ、行動が定着せず、元の自分に戻ってしまう可能性が非常に高いので、注意が必要なのである。

最後に「習慣化」の怖さとして、実際に多い事例を紹介する。

将来の幹部候補としてのヒューマンコアを持つ鼻息の荒い社員が入社してきたとする。しかし、上司がそれを生意気だと判断して、「忠実に言われたことだけを守っていればいいのだ」と5年間言い続けたとする。すると、部下のヒューマンコアは萎むのである。我慢できずに辞めていくかもしれないが、残ったとすれば、ヒューマンコアは萎んでいる可能性が高い。「マイナス方向の環境」に感化されてしまったのである。

せっかく適合性の高いヒューマンコアを有する若者が入社してきても、ヒューマンコアに気付かない上司に潰されたということであり、実は、これは非常に多い事例なのである。40代から次世代幹部候補を発掘しようとした時には、既にヒューマンコアが萎んでいる「右向け右型」になってしまった社員が大半を占めているというケースも多いのである。

「行動の習慣化」を実現する「行動変容プログラム」をデザインする

本書では、「行動変容プログラム」とは、「育成体系」の根幹をなす実行プログラムであるとし、これから説明するOJT、研修の両面からなるプログラムと定義する。

これまで個にフォーカスすることが重要であり、そのためにHRプロファイリングという手法を用いるべきであると説明してきた。そのなかで、次の①から③が完了していれば、次の(ア)「行動傾向」ギャップ分析の中の④以降のステップを実行することで、個にフォーカスした行動変容プログラムをデザインすることができる。

つまり、次の①②③ができていれば、採用厳選、適正配置、抜擢にHRプロファイリングを活用できる。ただし、育成にHRプロファイリングを活用するには、「行動」にフォーカスする必要があるため、(ア)の中の④以降の分析が必要になる。人を育成するにあたり、人のヒューマンコアは容易には変えられない。だから、マインドに働きかけて行動を変容させ、それを習慣化させ、定着させることにより、グルッとまわってヒューマンコアも緩やかに変容を始めるというストーリーが効果的なのだ。

①社員個々の「ヒューマンコア」の測定
②自社基準による「勝ちパターン別人財タイプ」の分析・把握
③自社基準による「人財要件モデル」の設計

(ア)「行動傾向」ギャップ分析

この分析は高度な知見を要するので専門家に依頼された方がよいのだが、あらすじを解説させていただく。

④「人財要件モデル」は優秀人財を見極めることができる。ならば、人財要件モデルからなる適合性（＝活躍可能性）と、ヒューマンコアから推定される個々の行動傾向の相関分析を行うことで、活躍度合いと相関の高い行動傾向が見えてくる。これを業績にヒットする「重点行動」として設定するのだ。

⑤次に、④で得られた「重要行動」に対する個々の「行動傾向」のギャップを分析するのだ。ヒューマンコアから推定される個々の行動傾向は、求められる「重要行動」が得意なのか苦手なのかを示すこととなる。結果としては、高いマインドによって、苦手な行動ができるかもしれないが、ここでは、自然体での行動傾向からのギャップを分析して可視化するのである。

⑥この⑤を「勝ちパターン別人財タイプ」ごとに束ねれば、「人財タイプ別の行動傾向ギャップ」が可視化できる。

④から⑥の分析は、①②③によって「活躍するための人財要件（ヒューマンコアの要件）」が解明されていれば、難しいことではないのだ。

(イ)「部下のトリセツ」によるＯＪＴ力強化

部下のトリセツは、これまで説明してきた通り、部下を把握して尊重し、業績にヒットするように育成するためのツールである。本節の①から⑥までのうち、全てを網羅してもよいが、それだと盛りだくさんで使いにくくなるかもしれない。ここは企業と上司の状況次第で適切にチョイスすればよい。

「部下のトリセツ」を現場のＯＪＴに活用するためには、それを使う上司のＨＲリテラシーも必要となるが、私の経験では、最大2時間程度の上司向け研修で十分である。研修では、参加する上司の、部下のトリセツを配布してワークしていくのであるが、見事に盛り上がる。「解る、やっぱりそうか」の連発なのだ。そして参加した上司たちは、研修後も部下のトリセツは手放さない。部下と一緒に見てすべきことを共有し、一緒に高みを目指して動き出すのである。

このトリセツには、ゴールとしての重要行動と、個々の行動傾向ギャップは必須である。個々の「行動」の得手不得手から、彼・彼女は何処で躓きやすいのかが読み取れるからだ。この成功事例として、第4章のＥ社事例もご覧いただきたい。

何が得意で、何処で躓きやすいのかが科学的に明らかになり、それを上司と部下の双方が把握できていなければ、個を尊重した育成体系にはなりにくく、上司の経験の「押し付け」となりやすいのだ。このことは、見せかけのワン・オン・ワンが形骸化しやすい一因とも言えるかもしれない。

(ウ) 人財タイプ別最適「研修」設計

本節の⑥では、個々の「重要行動に対する行動傾向ギャップ」を勝ちパターン別「人財タイプ」ごとに束ねた。このように人財タイプごとに束ねると、研修内容の設計がしやすいのだ。

ここで注意点は、例えば、管理職候補者向けの研修を設計する場合には、全社員ではなく、その候補者の「重要行動に対する行動傾向ギャップ」を人財タイプごとに束ねるべきである。そうすることで、より対象者に適した行動傾向ギャップが可視化され、最適な研修設計へのヒントの質が高まるのである。

この成功事例としても、第4章のE社事例をご覧いただきたい。

7対2対1の構成で設計することの重要性

人財育成国際会議（ATD）の「Talent Development Report（2015）」によれば、リーダーの効果的な開発においては、

①70％は、質の高い、困難なアサインメント（実務）からの学び
②20％は、他者（上司、同僚、メンター）との接触からの学び
③10％は、研修からの学び
の構成となるように設計することが重要とされている。

このレポートから示唆されることは、①②が現場で、③が研修であることから、シンプルに言えば、「研修によって学びとったことを、現場の質の高い実務を乗り越えることで体得せよ」ということになるだろう。そしてこれは、何もリーダーだけに限定されるのではなく、幅広く優秀人財を育成するために適用できるものと考えられる。

確かに「あなたは何故、そんなに優秀になれたのか」と尋ねると、「あの時、あの困難な試練を乗り越えた、あれが私の原点だ」と答える人が多い。研修は体系的に物事を学ぶために「鉄板」として必要であるが、「現場で活用できる習慣化の策」が研修に組み込まれていなければ、研修後、行動は習慣化しづらい。

例えば、第4章I社の事例で紹介したプレゼンス社が行ったように、「習慣化させるために、日々すべきことを、日々のルーティンに落とし込む」ことなどである。研修のなかで日々のルーティンに落とし込む作業がなされているために、研修後、個々の行動が促されていくのである。これは「研修効果を最大化」させるための必須要件と言えるだろう。

そしてさらにATDが言っているのは、「質の高い、困難な実務（＝試練）を与えなさい」ということになる。これを乗り越えさせることで、自分の中に眠る可能性が開花していくからである。現場で、これができるのは上司だけである。部下個々に対して適切な試練を与えるためにも「部下のトリセツ」が必要ということなのである。

間違いだらけの「行動評価基準」

「行動評価」が高いにもかかわらず「業績評価」が低いという社員が大勢確認される企業は、行動評価基準の妥当性検証がなされていないことを疑う必要がある。このことは、「コンピテンシーの課題2（行動評価基準）」（37ページ）にも書かせていただいたのでご覧いただきたい。そこに書いた通り、業績との「妥当性検証」によって相関・因果関係が担保される行動評価基準を用いるべきである。でなければ、業績にヒットしない行動を育成のゴールとして設定していることになるからだ。

高い妥当性が担保された「行動評価基準」を設計するためには、「コンピテンシーの課題2」に書かせていただいた通り、優秀人財へのヒアリングという定性・主観的手法だけではなく、定量・客観的な科学的分析が必要である。

しかし実際には、優秀人財にヒアリングしてまとめていく方法以外にどのような方法が有り得るのか？

科学を使い、「行動傾向分析」を用いるのだ。各社員のヒューマンコアから、各社員の行動傾向を推定することで、優秀人財と非優秀人財の行動には、どのような差があるのかが推定できるのである。

図32：「行動評価基準」設計ストーリー

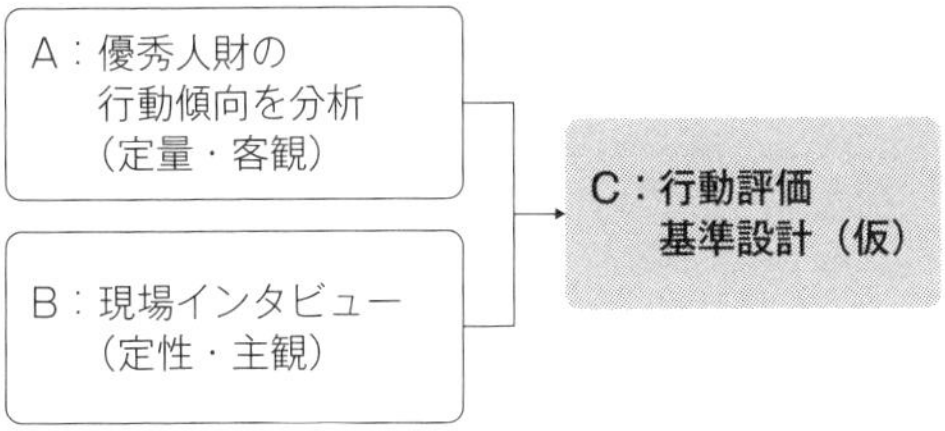

図32は、それをAとした基本的な手順である。

Aでは、「人財要件モデル」からなる適合性（＝活躍可能性）と、ヒューマンコアから推定される個々の行動傾向の相関分析を行う。ここから、活躍度合いと相関の高い行動傾向は何かが見えてくる。これが優秀人財の行動傾向である。

本節の前までは、このAの「優秀人財の行動傾向」を「重要行動」として育成のゴールとする説明をしてきた。本来はこれで十分なのだが、しかし本節で説明する「行動評価基準」がもし完成するならば、統一してこれを育成のゴールとした方がよいだろう。こちらの方が現場で解りやすい言語となり、かつ妥当性が高くなるからである。

さて、Aは、定量的・客観的であるのだが、現場で使われている用語や習慣は考慮されていない。予め用意されている網羅性のある行動傾向に対して、1つずつ相関係数を求めているだけだからである。

そこでBを行うのだ。Bだけでは定性的・主観的であることに加え、網羅性に欠ける。しかも相関分析がなされていないので業績にヒットするのかどうかが解らない。そこで、AとBから行動評価基準を作成していくことにより、網羅性が確認された（偏っていない）、相関の高い、行動評価基準が設計される可能性が高まるのだ。

この作業は、企業側にもプロジェクトチームを作っていただき、レイルチームも入り込んでエスコートしながら行うのだが、脳みそがちぎれるほど頭を使う作業となる。それは例えば、次のような観点である。

◇Aは一般的基準であり、網羅性があるということは、細かいということである。行動評価基準は、せいぜい5つか多くても7つ程度までに抑えないと、現場で意識されなくなる。そのため、Aを束ねながら、現場で皆が知っている用語に置き換え、Bと足し合わせていく必要がある。

◇職務遂行能力のグレードがある場合、グレードごとに行動評価基準は分けるのだが、どのように分けるのが適切なのかは企業の状況や職種によっても異なる。また、下位グレードをあまり細かく分けると使いづらいだけだ。例えば、7グレードあるとした

図33：「行動評価基準」の妥当性検証

場合、下位1～3のグレードは1つにまとめた方がよい。とにかく、現場で社員が解りやすく使いやすいものでなければならない。

◇行動を評価するという目的なのだから、人が人を見て、観察が可能な文言で設計されなければならない。例えば、「自身の意見に反対する人が現れた場合、その反対意見のなかには正しさがあるのだと、相手の主張のなかにある正しさを見抜こうとする」といった類のものは観察できないのだ。心のなかでそのように意識している場合、評価できないということだ。

◇上司はずっと部下全員の1日中の行動を観察できるわけではない。だから、例えば、日報とか、週一の面談などで確認していくなかから、求める行動が発揮されているのかどうかを確認できるように「評価プロセス」まで確認していく必要がある。観察可能であっても、観察する時間がなければ評価不能ということになるからだ。

◇評価者によって、同一被評価者に対する評価に「不要なブレ」が出てしまうようなものではいけない。つまり、評価基準に書かれている文言からの、評価を行う前提となる背景の読み取りでブレが出ないようにすることと、S評価とA評価の違いが何なのかまで明確にしていく必要があるのだ。

◇人財タイプ別の異なる評価基準を部分的に含ませる場合もあるが、これはとても複雑なので本書では割愛する。

「行動評価基準」だけで一冊の本が書けそうなくらい奥が深いのであるが、概ね以上のようなところが抜け落ちやすい点である。

さて、このようにして完成した行動評価基準Cではあるが、C自体の妥当性検証はまだ行っていない。Cは、本当に相関が高いのかどうかを検証する必要がある。その手順が図33である。

図32でできた行動評価基準Cを用いて、実際に社員の行動評価をしてみたのがDである。そしてEとの間の相関を求めるのがFである。

この時、0・4から中程度の相関があると言えるのだが、0・7以上を求めたい。もし相関係数が低い場合、Cをやり直し、Fの妥当性検証で0・7以上になるまで、この検証・チューニング作業を繰り返すのである。

妥当性が担保された行動評価基準設計は、このように非常にたいへんな作業であるため、なかなか妥当性検証まで行った上で設計されるケースは少ないのである。だからコンピテンシーの時代にコンピテンシーモデルを行動評価基準に持ってきたのにうまくいかなかったということや、多くの企業で見られる、「行動評価」の高い社員の「業績評価」が低いという現象が生じてしまうのである。

この現象が起きている場合、「育成のゴール自体が的を射ていない」可能性が高いことになってしまうのである。

まとめ

全てを予見することは不可能なのだから、そもそも「戦略人事」という体系よりも、「現場のワン・オン・ワンの質を上げればよいのだ」という論調や、「現場がコーチングしてモチベーションを高めればよいのだ」とする組織開発パラダイムなどにしばしば出くわす。しかし私の経験からいえば、HRプロファイリングのような科学的手法を用いずにこれらを行う場合、上っ面の打ち手として、「何らかの現象が改善した」といった現象の改善効果はあるかもしれないが、根本解決には届かないということになる。

個にフォーカスして、「何故・何」を解き明かしていかなければ、根本解決への打ち手は見えてこないからである。

答えは「シンプル」

私は、経営をしながら科学と実践の「はざま」に向かい合ってきた。言い換えれば、科学と実践の両面から、お客様に役立つ答えを探し求めてきた。そして、「自社組織における人財の活躍可能性は高精度に予測可能である」ということが解ったのだ。

本書に整理したノウハウは、このように「はざまから生まれた実践知」であり、それは小難しいもの（解るような、解らないようなものをやたらとありがたがる人が多いように感じるが）ではなく、誰かの責任にするためのもの（往々にしてしたがる人が多い）でもない。

本書の内容はとてもシンプルで、「自社基準を知り、ヒューマンコアを見極め、個を尊重しよう」ということであり、知れば知るほどコントローラブルなものなのである。だからこそ、必ずや救われる人や企業を生み出せると思っている。

HRプロファイラーを育成すべき

このノウハウを戦略人事のミッション実現に役立てられる人を「HRプロファイラー」と名付けて育成していく準備が整った。

小難しいことを横文字で語りたがり、結局、何を言いたいのか解らないような人のことではない。それはこの視点が欠落している、誰の論理なのだと、事を後ろに引っ張るだけの人でもない。

経営陣や事業部責任者の目の前をクッキリさせるための眼鏡をかけてくれる人だ。

経営陣の方々は、戦略人事のミッションを実現しようとするHRプロファイラーが、科学的視点を持って「実践」の領域に立ち上がるならば、どうか応援してあげて欲しいと願う。

おわりに

本書は、共著者の田路和也から「個にフォーカスし、個を活かすために須古さんが実践してきた実践知は、本として出版し、もっと多くの企業や個人のために役立たせるべきだ」と言われたことから始まりました。

田路とは、マルコポーロというアセスメントツールの完成間近に知り合い、「もっとこうしないと人事の方には使いづらい。こんなアウトプットじゃ難しすぎる。もっとシンプルに活躍してくれるのかどうかを一目で見せなきゃ」と、「使う側」視点のアドバイスをいただき続けています。今思えば田路も私も、「人と職のマッチングはもっと素敵であるべきだ」という同じ課題感をもっていたのだと思います。

本書は、そんな田路が全体企画とプロデュースを担当し、私が実践知を書き上げるという分担でできあがりました。

本書の執筆に際し、お忙しいなか、事例紹介（第4章）にコメントをくださったマルコポーロ導入企業の方々、そして提携パートナーの方々に、まずはお礼を申し上げます。

東京大学大学院情報学環特任准教授・松本大学総合経営学部准教授の鈴木智之先生には、学術理論と社会実践との「はざま」について、理論と実践の両面から多大なる助言をいただきました。本書の第1章から第3章の学術理論に関する部分については、同氏に分担執筆者として参画いただきました。第4章以降については、全体にわたって学術理論の見地と社会実践とのはざまに関する助言をいただきました。これによって本書は、学術理論を踏まえた上での実践知を語るものとして、より良く仕上げることができました。

また、元ソニー株式会社・人事戦略部統括部長の中田研一郎様には、マルコポーロ開発当初から、人事現場が抱える課題点と、実際に運用できる解決手法についてご指導いただき、本書についても多くの助言をいただきました。本当に有難うございます。

本書のタイトルは、私と田路の思いを聞いて、「これは『HRプロファイリング』というタイトルで出版すべきだ」と日本経済新聞出版の網野一憲氏が方向付けをしてくださったことによって決まりました。網野氏にはその後も、無事出版ができるまで多大なるご支援をいただきました。

また、出版について無知だった私を一からサポートしてくださった天才工場の吉田浩様、全工程のサポートをご担当いただいた塩尻朋子様、そして、この本があなたの元に届けられるまでに関わってくださったすべての方に感謝申し上げます。

最後に、貴重な時間を「投資」して、本書を読んでいただいたあなたに、改めて心から感謝申し上げます。ありがとうございました。

2020年4月

須古勝志

須古 勝志（すこ・かつし）

株式会社レイル　代表取締役社長

1961年生まれ。1992年レイルを創業。テスト理論、心理統計学、CBT（Computer Based Testing）やe-Learning開発、各種検定試験の設計に精通。また、人事系組織分析コンサル等の経験も豊富。「人と組織の適合性」を数値化するアセスメントツール「MARCO POLO」設計者。個人と企業との適切なマッチングをすることで、企業業績アップの手助けをしている。コンサル先・関与先は多数。

田路 和也（とうじ・かずや）

株式会社プレゼンス　代表取締役社長

1974年生まれ。1998年、早稲田大学商学部卒業後、パソナ入社。2000年、リクルートマネジメントソリューションズ入社。採用・教育・人事制度設計に関するコンサルティング営業を担当。2007年5月、営業部門の時間生産性向上に特化した営業コンサルティング会社プレゼンスを設立。講演・研修登壇実績は年間200回以上、累計300社1万人におよぶ。著書に『仕事ができる人の最高の時間術』（2017年、明日香出版）。

鈴木 智之（すずき・ともゆき）

東京大学大学院情報学環特任准教授、松本大学総合経営学部准教授。博士（工学）。人事アセスメント、心理テストの学術研究と企業での社会実践を専門とする。

HRプロファイリング
本当の適性を見極める「人事の科学」

2020年5月22日　1版1刷

編著者　須古勝志／田路和也

発行者　白石　賢

発　行　日経BP
日本経済新聞出版本部

発　売　日経BPマーケティング
〒105-8308　東京都港区虎ノ門4-3-12

装　幀　夏来　怜

イラスト　福士統子

DTP　マーリンクレイン

印刷・製本　中央精版印刷株式会社

ISBN978-4-532-32341-7